CLÁSSICOS DO

# MUNDO CORPORATIVO

Max Gehringer

# CLÁSSICOS DO MUNDO CORPORATIVO

REDE CBN
A RÁDIO QUE TOCA NOTÍCIA.

EDITORA GLOBO

# Sumário

# Introdução

Este livro reúne 66 comentários do *Mundo Corporativo* que geraram mais manifestações de ouvintes da Rádio CBN entre 2004 e 2007. Normalmente, um comentário produz entre vinte e trinta respostas de ouvintes. Os que compõem esta coletânea produziram entre 150 e 200 respostas. Por algum motivo – sério ou lúdico, ou ambos –, esses foram os assuntos que despertaram maior atenção.

Aproveito para agradecer a audiência que meu quadro diário tem tido na CBN nesses anos. Sei que nunca será possível agradar a todo mundo, mas tenho tentado transformar minha experiência profissional em conselhos práticos para quem os solicita. Ou em pequenas histórias, reais ou ficcionais, que contribuam para a reflexão de quem as ouve ou lê.

Basicamente, meus comentários têm dois objetivos. O primeiro é o de tentar auxiliar uma pessoa que esteja com dúvida a enxergar caminhos que talvez não tenha considerado. O segundo é o de fomentar discussões em empresas, mesmo que os julgamentos não coincidam com os meus.

**Boa leitura!**

# 1
## O valor da teoria e da prática

O que é mais importante, a teoria ou a experiência prática?

Normalmente, cada um ressalta o que tem sobrando e minimiza o que está faltando. Mas vamos falar em valores. A teoria vale quatro reais por hora. Ou cerca de 600 reais por mês. É o que um estagiário com ótimo currículo acadêmico vai começar ganhando quando entrar em uma grande empresa.

Já a experiência prática vale só um pouquinho mais: seis reais por hora. São os casos de mecânicos ou assistentes administrativos que estão fazendo o mesmo trabalho há dez anos e ganham mais ou menos 800 reais por mês.

Portanto, isoladamente, tanto a teoria quanto a experiência têm valor de mercado não muito alentador. Somente juntando as duas coisas é que o valor sobe.

Mas existe certo mal-entendido quanto ao que seja experiência. Muita gente traduz experiência como tempo na função, ou tempo de casa, o que não é bem verdade. Tempo é a matéria-prima mais abundante no mercado de trabalho. Tempo é o que qualquer um tem de sobra para oferecer. Por isso, de acordo com a velha lei da oferta e da procura, o tempo vale pouco – legalmente, um salário mínimo por mês.

Nas empresas, a experiência é medida por resultados. Quem passa anos e anos fazendo sempre a mesma coisa não adquire experiência. Adquire mofo. Experiência mesmo é a transformação do conhecimento em resultados práticos para a empresa. E o conseqüente reconhecimento desse mérito.

Por isso, uma regrinha do mercado de trabalho diz que o importante é não criar mofo. E isso é fácil de medir. Se uma pessoa está há três anos na mesma função e ainda não aconteceu nada, isso é um razoável sinal de que nada vai acontecer nos próximos três.

# 2

## O chefe que não gosta do subordinado

Há apenas dois motivos para um chefe não gostar de um funcionário: ou o funcionário é incompetente demais, ou é competente demais.

No segundo caso, o chefe começa a ficar com medo do funcionário, ou com inveja de tudo o que o funcionário fez na vida e que o chefe não conseguiu fazer.

Pensando no futuro, essa situação já não é lá muito boa, mas o pior é que muitos funcionários fazem questão de complicar mais ainda. Por exemplo, vestindo-se com roupas de grife enquanto o chefe usa sempre a mesma roupa comprada em liquidação. Ou fazendo constantes referências a seus cursos e diplomas, mesmo sabendo que o chefe não conseguiu nem terminar a faculdade. Ou enchendo uma conversa com palavras em inglês quando sabem que o chefe quando muito fala português.

É claro que nenhum funcionário faz isso por mal e nem está pensando em humilhar o chefe. O funcionário faz tudo isso sem querer e não percebe como essas coisas podem complicar a sua vida. Até que um dia vai pronunciar a célebre frase: "Não sei o que meu chefe tem contra mim".

Na verdade tem tudo, porque o chefe passou a ver o funcionário como ameaça ambulante. O funcionário não tem culpa de ser melhor que o chefe. Mas é sempre bom lembrar que, ao pensarmos no futuro, o chefe pode ser uma ponte ou uma parede. Chefes menosprezados tendem a ser paredões. Daqueles bem grossos.

# 3

## A construção de um nome

Uma experiência muito desagradável – e a maioria de nós já passou por ela – é quando alguém chega e pergunta: "Você lembra de mim?".

A cada dez vezes em que isso acontece, em nove a gente não tem a mínima idéia de quem seja aquela pessoa. E ela lá, olhando para nós. E nós ali, disfarçando. Em nove de dez vezes, damos a resposta errada: "Claro que lembro". Depois, tentamos adivinhar quem é, ou tentamos conseguir alguma pista.

O erro em uma situação dessas não é de quem não se lembra do nome – é de quem fez a pergunta. Assim como qualquer empresa gasta rios de dinheiro para consolidar sua marca, um profissional tem que estar preocupado, desde o primeiro dia em que começa a trabalhar, em consolidar o seu nome.

Nosso nome é a nossa primeira marca registrada. Se não conseguimos nem fazer as pessoas lembrarem de nosso nome, como podemos querer que lembrem de nossos resultados? No Evangelho de São João está escrito que a primeira providência que Jesus de Nazaré tomou ao iniciar a sua vida pública foi a de fazer o povo acreditar em seu nome. Os milagres vieram depois.

Nas empresas é a mesma coisa: a construção de uma carreira tem que começar pela construção de um nome. As pessoas mais bem-sucedidas que conheço, aquelas de quem me lembro bem do nome, sempre começam qualquer conversa dizendo o próprio nome, mesmo que isso já não seja mais necessário, porque todo mundo sabe o nome delas.

Essas pessoas têm um nome porque são bem-sucedidas? Ou são bem-sucedidas porque têm um nome? É claro que todas começaram pelo mais fácil, repetindo o nome até que ficasse bem grudado na memória de quem interessava. Depois é que vieram o sucesso e os milagres.

# 4

## A definição de um diferencial

Certamente, muita gente ainda se lembra de um tempo não muito distante em que um documento importantíssimo para quem quisesse ser um sucesso na vida era o diploma de datilografia.

O diploma de datilografia era um canudo amarrado com fita vermelha, que vinha escrito em letras góticas. Era um documento que o candidato a emprego não carregava, exibia. Alguns até mandavam fazer um quadro e penduravam na parede do escritório.

Existiam milhares de escolas de datilografia no Brasil. Cada cidade tinha a sua escola, e elas promoviam concursos públicos para ver quem datilografava mais rápido. Os mais prendados chegavam a 180 toques por minuto sem nenhum errinho. Aí, vieram os computadores, a internet, o *e-mail* – e da noite para o dia as escolas de datilografia sumiram do mapa.

De repente, saber bater a-s-d-f-g com os dedos certos deixou de ser importante para o futuro. Hoje, uma criança aprende a digitar em um teclado antes mesmo de aprender a ler. E batuca só com dois dedos, porque, afinal de contas, um "a" é um "a", com diploma ou sem diploma.

Ainda existem milhões de datilógrafos pelo Brasil afora. O que não existe mais é o orgulho de exibir o diploma de datilografia. Até pode ter virado peça de museu, ou objeto de piada, mas o que um dia significou continua valendo até hoje. O diploma de datilografia nada mais era do que um documento que provava ser seu portador uma pessoa que se diferenciava dos demais candidatos a emprego.

Cada época tem o seu canudo. Ontem, foi o diploma de datilografia. Hoje, é o MBA.

# 5

## A simplicidade de um problema

Problema, todo mundo tem. O problema é: o que fazemos com os problemas?

Um bom começo é falar grego. Porque foram os antigos gregos, havia três mil anos, que inventaram a palavra problema. A tradução literal de problema é "passar adiante". Os gregos, sábios como eram, perceberam que problemas nunca são resolvidos. São apenas transferidos de uma pessoa a outra.

Por exemplo, uma empresa com problemas de custo dispensa cinqüenta funcionários. Ela não resolveu o problema, o que fez foi transferir o problema para os cinqüenta dispensados. Que, com o dinheiro mais curto para as despesas do mês, vão parar de comprar biscoito de chocolate. E aí o problema passa a ser da fábrica de biscoito de chocolate, que vai ficar com estoque sobrando no final do mês. Que vai dispensar vinte funcionários. E a ciranda não tem fim.

Problema, portanto, é qualquer situação que ainda não conseguimos transferir para alguém. Mas o pior mesmo é que muita gente perde um tempão remoendo pequenos problemas. Porque o risco, nesse caso, é que um pequeno problema muitas vezes impede a gente de enxergar um grande problema.

Para ilustrar, aqui vai uma historinha exemplar. O César, um conhecido meu, era gerente de vendas de uma empresa de fotocopiadoras. Na época, o César era fumante. A empresa dele, como toda multinacional consciente dos malefícios do fumo, havia proibido o tabagismo no prédio inteiro.

O César, então, tinha um problema. Em qualquer lugar do prédio que ia, e em cada sala que entrava, sempre dava de cara com aqueles cartazes de "Proibido fumar". Até que, um dia, o César precisou visitar um cliente muito importante, fabricante de cigarros. O César não perdeu a chance de dizer a seus colegas xiitas que, finalmente, iria conseguir passar um dia bem longe da ditadura daqueles cartazes de "Proibido fumar".

Quando chegou à empresa de cigarros, satisfeito da vida, o César subiu uma escada e deu de cara com um enorme cartaz: "Proibido tirar cópias". O César pensou que tinha um problema, mas tinha dois: o que ele não havia transferido para ninguém e o que estava sendo transferido para ele.

Por isso, se você está saindo de casa com um problema, faça como os gregos: passe adiante. Porque nesse momento, não tenha dúvida, muita gente está pensando em passar algum problema para você.

# 6

## O peso da sinceridade

Todo mundo já deve ter lido, ou ouvido, aquelas famosas dicas de como se comportar em uma entrevista de emprego. E de como responder adequadamente às perguntas do entrevistador.

As dicas de respostas são sempre iguais, porque as perguntas também são sempre as mesmas. E por que as perguntas são sempre iguais? Porque um entrevistador que entrevista duzentas pessoas por mês não tem como ficar criando perguntas especiais para cada uma delas.

Mas cada entrevistador tem a sua perguntinha pessoal, diferente, e ela é a chave de tudo. Também tinha a minha. Depois de passar meia hora fazendo as mesmas perguntas e ouvindo as mesmas respostas, perguntava ao candidato: "Se um dia tiver que demitir você, como você gostaria que fizesse isso?"

Na quase totalidade dos casos, a resposta que ouvia era esta: "Ah, não se preocupe, porque tenho certeza de que não serei demitido". Isso me revelava uma de duas coisas: ou o candidato achava que a resposta iria impressionar, ou estava muito mal-informado sobre o mercado de trabalho. Porque, hoje, empregados eficientes também são demitidos. Em uma fusão de empresas, por exemplo, ou em uma daquelas infames campanhas de redução de custos.

Mas sempre aparece alguém com uma boa resposta. Um dia, uma candidata respondeu: "Ah, o senhor pode me demitir da maneira que quiser, porque vou chorar de qualquer jeito". Esse era o tipo de pessoa que admitia na hora. A que tinha a coragem de dar uma resposta sincera. A que demonstrava ter emoção e não a que demonstrava capacidade para decorar respostas prontas.

Em uma entrevista, nada melhor que a sinceridade. Ao mesmo tempo, nada mais arriscado que ser sincero. Conheço muita gente que deixou de ser contratada exatamente porque falou sinceramente, com o coração.

Se isso já aconteceu com você, não se preocupe. Se você foi sincero em uma entrevista e não foi admitido, isso não significa que você não servia para aquela empresa. Significa que aquela empresa não servia para você.

# 7

## O estado das coisas

Se existe uma coisa que mencionamos todos os dias, e centenas de vezes por dia, essa coisa é coisa. A palavra "coisa". Diz o Gênesis bíblico que no princípio Deus criou todas as coisas e só depois criou o homem. Portanto, tecnicamente, no princípio tudo o que não era gente, era coisa.

Isso durou até 1963, quando o poeta Vinícius de Moraes elevou gente à categoria de coisa ao cantar – no bom sentido – a Garota de Ipanema. "Olha que coisa mais linda, mais cheia de graça".

Na vida corporativa, a coisa está substituindo qualquer coisa. Outro dia, ouvi um diálogo entre dois gerentes mais ou menos assim:

– Quer saber de uma coisa? Para mim chega.

– Também não gosto desse estado de coisas.

– A coisa realmente está preta.

– Nem me diga. É coisa de doido.

– Pode crer. Aí tem coisa.

O pior é que um parecia entender perfeitamente o que o outro falava. Esse é o mal da coisa. A língua portuguesa conta com um acervo de centenas de milhares de palavras, mas parece ter encontrado um sinônimo perfeito para qualquer uma delas: coisa.

Alguém ponderaria que a comunicação verbal eficiente depende da espontaneidade, da técnica e do vocabulário. Outro diria: "Concordo com essas coisas aí que o colega falou". Todo mundo entenderia melhor o que o segundo disse, além de suspeitar que o primeiro estaria enrolando.

De minha parte, sempre defendi o uso do português correto nas empresas. Partindo do princípio de que o segredo do sucesso profissional depende do entendimento da essência da filosofia corporativa, que está baseada em três pilares. Que são:

1. Entender como a coisa funciona
2. Fazer a coisa certa
3. Falar coisa com coisa.

# 8

## O bom, o ruim e o bonzinho

Em empresas, existem três tipos de funcionário. O bom, o ruim e o bonzinho.

Dia mais, dia menos, o ruim vai para fora e o bom vai para cima. Mas o bonzinho continua sempre no mesmo lugar.

Apesar de ele ser simpático e competente, de ser apreciado pela chefia, de ser estimado pelos colegas, a carreira do bonzinho não deslancha. E ele não consegue entender onde está o erro. A questão é que o bonzinho não tem aquilo que as empresas chamam de "o perfil". Ele não é agressivo. Não mostra espírito de liderança. Não faz a diferença.

Para quem tem dúvida se é bom ou bonzinho, eis as cinco características do bonzinho:

1. O bonzinho é ouvinte. Em uma reunião, evita dar palpite. E está sempre fazendo aquele gesto de positivo com a cabeça.

2. O bonzinho concorda com tudo. Principalmente com aquilo que não concorda. Sempre acha que é melhor não arrumar confusão e conversar depois, com mais calma.

3. O bonzinho não desafia ninguém. Não gosta de discórdia. Para ele, o empate é ótimo resultado.

4. O bonzinho jamais desabafa. Mesmo quando está uma arara, continua com aquela expressão de manequim de loja de shopping.

5. O bonzinho detesta aparecer. Se surgir uma daquelas raras oportunidades de matar um dragão e virar o herói da empresa, o bonzinho prefere sentar e ficar esperando o dragão morrer de velho.

O bonzinho não faz intriga, não puxa o tapete de ninguém, e está sempre disposto a ajudar quem precisa de ajuda. Por isso mesmo, chefes e colegas preferem que ele continue onde está, contribuindo positivamente para o ambiente de trabalho.

O bonzinho está sendo vítima do egoísmo geral, e todo mundo lhe daria inteira razão se ele reclamasse. Ele só não reclama porque é bonzinho.

# 9

## O sentido da unanimidade

Em uma empresa, está cada vez mais difícil conseguirmos consenso. É como em reunião de condomínio: não importa o assunto que esteja sendo discutido, sempre aparece alguém que não concorda.

É por isso que na maioria dos eventos de empresas está deixando de ser usada uma palavra bonita como convenção, que em latim significa "vir junto". Ou uma mais bonita ainda, simpósio, que em grego quer dizer "beber junto". A moda agora é chamar um evento de encontro, que em latim significa "trombar", "bater de frente".

Uma palavra que encanta cada vez mais as empresas é unanimidade. É verdade que, sempre que pudermos, devemos evitar falar unanimidade em público, porque corremos o risco de tropeçar ali pela terceira sílaba, ou de disparar um "unaminidade".

Empresas sonham em ter funcionários que sejam unânimes ao afirmar que aquela é a melhor empresa do mundo para se trabalhar. Ou com novo projeto que consiga a aprovação unânime de todos os envolvidos. Ou com grande reunião da área comercial, na qual centenas de vendedores levantarão os braços e darão aquele unânime grito de guerra. E se abraçarão, aos prantos, e depois sairão estraçalhando a concorrência.

Aí é que mora o perigo. O grito impressiona, mas engana. Cansei de ver demonstrações de unanimidade que acabaram em nada. E acho que finalmente aprendi por quê. Pensava, e acredito que muita gente pense, que unanimidade significasse uma só voz. Na verdade, a palavrinha latina "anime", que está ali no meio da unanimidade, quer dizer alma, espírito.

Pode parecer um detalhe pequenino, mas faz toda a diferença do mundo. Conseguir que uma equipe se entusiasme e grite que dessa vez vai, bem alto, a uma só voz, e exalando motivação, é fácil.

Mas a chance de tudo sair errado é muito grande se a equipe não colocar no trabalho o que realmente faz a unanimidade funcionar: a alma.

# 10

## Um executivo no paraíso

De repente, o executivo extremamente bem-sucedido teve um "peripaque". Cambaleou, rodopiou e desabou em cima de sua mesa de mogno. Quando abriu novamente os olhos, descobriu que estava no céu.

Ao ver aquele povo todo de camisolão branco, circulando de nuvem em nuvem, sem usar crachá, o executivo extremamente bem-sucedido teve, é claro, breve instante de pânico. Mas logo se recompôs e começou a imaginar como poderia tirar proveito daquela situação.

Como não era de ficar perdendo tempo com intermediários, foi conversar diretamente com São Pedro. Já chegou com aquela conversa de executivo extremamente bem-sucedido:

– Pedro, meu caro, prazer, tudo bem? Belas sandálias. Bom, é o seguinte: cheguei aqui no paraíso só faz um par de horas, mas já consegui prospectar o *modus operandi* e queria lhe fazer algumas propostas para melhorarmos a produtividade geral. Por exemplo, repensar a estratégia de curto prazo. Criar um sistema de descrição de cargos. Estabelecer metas e objetivos. Fazer reengenharia celestial, quebrar paradigmas e implementar programas motivacionais do tipo "O céu é seu".

São Pedro arregalou os olhos, balançou a chave e disse:

– Meu filho, estou realmente impressionado.

Deslumbrado, o executivo extremamente bem-sucedido sentiu que, no mínimo, seria promovido a vice-presidente do paraíso. Perguntou:

– Isso significa que o nobre colega concorda com a minha proposta?

Não – respondeu São Pedro. Isso quer dizer que você vai ter muito futuro em nosso concorrente. Porque você acaba de descrever exatamente como funciona o inferno.

# 11

## A evolução da avaliação

Toda empresa quer ter um ambiente saudável de trabalho. Para conseguir isso, é preciso saber o que se passa na cabeça dos funcionários.

Há duas maneiras de a empresa conseguir as respostas corretas. A primeira é a PESQUISA DE CLIMA, na qual todos os funcionários são convidados a responder se a temperatura na empresa está fervendo, ou se o relacionamento está gelado.

A segunda maneira é uma cerimônia anual, chamada AVALIAÇÃO DE DESEMPENHO. Nesse dia, o subordinado senta na frente do chefe e pode dizer tudo o que está pensando. Sobre si mesmo, sobre a empresa e sobre o futuro.

Mas, para que o subordinado consiga se sair bem no dia da avaliação, ele precisa saber dar a resposta certa. E a resposta certa muda conforme o tempo passa. Aqui vai um resumo de como funcionaram as avaliações através dos tempos.

- A década de 1970 ficou conhecida como FASE DE LEVANTAMENTO DE EXPECTATIVAS. O funcionário entrava na sala do chefe e o chefe falava:
  – Senta aí, Túlio. Algum problema?
  E o Túlio sentava e respondia:
  – Como assim?
  E o chefe encerrava a avaliação:
  – Certo. Nenhum problema. Entra o próximo!

- A década de 1980 foi a FASE DA VALORIZAÇÃO DO INDIVÍDUO. O chefe falava:
  – Senta aí, Túlio. Algum problema?
  E o Túlio, que já sabia a resposta, sentava e dizia alegremente:
  – Nenhum problema, chefe!
  E o chefe ficava uma arara:
  – Como não? Tem problema, sim senhor! Vamos traçar o seu perfil psicológico para descobrir qual é.

- A década de 1990 foi a FASE DA ÊNFASE NOS RESULTADOS COLETIVOS. O chefe falava:
  – Senta aí, Túlio. Algum problema?

E o Túlio, que havia aprendido a lição do ano anterior, sentava e respondia:
– Ah, sim, vários problemas.
E o chefe falava:
– Não tem problema, não senhor. Nossa última pesquisa mostrou que 97% dos funcionários estão satisfeitos com a empresa. Se você é um dos 3% que não estão, você não tem um problema. Você é um problema.

- Finalmente, veio a década de 2000. Do emprego difícil e dos chefes estressados que querem tudo para ontem. É a FASE DO TODO CUIDADO É POUCO. No dia da avaliação anual, o subordinado entra na sala e o chefe diz:
  – Quem mandou você sentar, Túlio?

# 12 Obediência ou rebeldia?

Toda empresa tem aquele grupinho de funcionários contestadores e meio revolucionários.

Eles parecem nunca estar satisfeitos com nada, vivem criticando decisões que a diretoria toma, gostariam que não houvesse tanta burocracia e, principalmente, querem ter liberdade para pensar.

De modo geral, as empresas rotulam pessoas assim com palavras pouco elogiosas: desestabilizadoras do ambiente de trabalho ou, simplesmente, terroristas.

No início de minha carreira, tinha mais ou menos esse perfil. Aos dezoito anos, trabalhava em uma fábrica e, certo dia, a direção decretou que todo mundo teria que passar a usar jalecos de cor cinza.

A hierarquia seria diferenciada pela cor da gola dos jalecos. Chefes teriam gola azul, supervisores, gola verde, e assim por diante, até os mais humildes, que teriam gola cor de abóbora. Bastou uma semana para que a nova moda virasse um festival de vaidades e os mais humildes fossem apelidados de "abobrinhas".

Como representante da classe dos "abobrinhas", pendurei no quadro de avisos da fábrica um papel com a seguinte frase: "Se a cor do colarinho fosse sinal de prestígio, o palhaço seria dono do circo". Tomei a minha primeira advertência por escrito, que está guardada com carinho até hoje.

Muitos anos depois, aquela empresa fez uma festa para comemorar seus cinqüenta anos de existência e vários ex-funcionários foram convidados, inclusive eu. Para minha surpresa, recebi uma homenagem. Fiquei ainda mais surpreso quando descobri que outras pessoas que estavam sendo homenageadas eram exatamente aquelas que a empresa não via com bons olhos em tempos passados. Os terroristas que estavam sempre ameaçados de ir para a rua se não se comportassem. Agora, essa gente era classificada como criativa e inovadora.

Então, se alguém aí está na marca do pênalti porque vive dizendo o que pensa dentro da empresa, tudo é uma simples questão de escolha: estabilidade hoje ou felicidade amanhã. Porque o presente só premia os obedientes. Mas o futuro será sempre grato aos rebeldes.

# 13

## A coerência da nossa visão

Toda empresa moderna precisa de três coisas para fazer o negócio ir de vento em popa.

As duas primeiras normalmente estão escritas em um quadro bonito, pendurado na recepção, para todo mundo ler e decorar. A primeira coisa é chamada de Nossa Missão e a segunda, de Nossa Visão.

A Nossa Missão é uma frase curta e explica o que a empresa deseja no momento presente. Por exemplo: "Nossa Missão é fabricar os sabonetes mais perfumados do Brasil". Já a Nossa Visão é uma frase um pouco mais longa e diz o que a empresa pretende ser em um futuro próximo. Por exemplo: "Nossa Missão é ser a empresa reconhecida como paradigma mundial na fabricação de sabonetes perfumados".

A redação correta dessas duas frases permite que a empresa não se desvie de seus objetivos, tanto presentes quanto futuros. Nelas, são baseados os planos e os investimentos que a empresa faz todo ano. Por isso, se a sua empresa ainda não tem a Nossa Missão e a Nossa Visão pode esperar, porque brevemente terá.

Essas duas coisas são ótimas. Mas só funcionam na prática quando vêm acompanhadas da terceira – a Nossa Pressão. Se a Nossa Visão descreve onde a empresa espera chegar algum dia e a Nossa Missão diz onde a empresa está hoje, a Nossa Pressão diz claramente o que deve ser feito neste minuto.

Enquanto a Nossa Visão e a Nossa Missão são escritas, a Nossa Pressão é falada. Em muitas situações, vem acompanhada de berros e ameaças.

Qual dessas três coisas é a mais importante? As duas primeiras, é claro, responderia qualquer empresa moderna. Para os prezados colaboradores, é sempre bom lembrar que muitas empresas ainda nem pensaram em redigir a Nossa Visão e a Nossa Missão. Mas todas praticam, todos os dias, a Nossa Pressão.

O funcionário que quiser ter uma carreira de sucesso em uma empresa moderna só precisa fazer três coisas. Entender a Nossa Missão. Embarcar na Nossa Missão. E agüentar a Nossa Pressão.

# 14

## O efeito perverso do mau hálito

Subir na vida profissional é uma questão de pequenos detalhes. Por exemplo, o mau hálito.

Não conheço nenhum diretor ou presidente de empresa que tenha mau hálito e acho que o motivo é simples: quem tem mau hálito já é barrado na porta do baile corporativo. É evidente que ninguém vai ser dispensado de uma empresa só porque tem mau hálito, mas já vi muita carreira desacelerar por causa disso.

Conversar com alguém com mau hálito é uma das experiências mais penosas que existem, porque quem tem mau hálito tem também aquela mania de falar bem pertinho da nossa cara. Tão perto que dá para sentir a expiração. Aí, em uma conversa, quem sente aquele bafo dá um passo para trás. E o sujeito com mau hálito dá um passo à frente. Cinco minutos depois, os dois já estão a vinte metros de onde começaram a conversar.

Agora, uma notícia muito importante: todo mundo tem mau hálito. O que varia é o grau de intensidade. A boa notícia é que existe um teste prático para medir o mau hálito, que não requer prática nem habilidade. É o seguinte: coloque a língua para fora da boca, o mais possível. Mais um pouco. Isso. Agora, dê uma lambida no pulso com a parte posterior da língua, aquela que fica na garganta quando a boca está fechada. Agora conte devagarzinho até cinco. Cheire o pulso a 10 cm de distância. Sentiu? Pois esse é o mesmo cheiro que as pessoas sentem quando falam com você.

Mas não se preocupe, há várias maneiras de resolver o problema facilmente e a melhor delas não é passar a vida mascando chiclete. É consultar um dentista ou um otorrinolaringologista. A carreira vai agradecer e os colegas também.

Ah, um último lembrete: nunca faça o teste da língua na frente da secretária da diretoria, porque ela pode pensar que é assédio sexual.

# 15

## A compreensão do óbvio

Já passei alguns dissabores na vida profissional por me esquecer de falar o óbvio.

O óbvio é aquela coisa que achamos que, por ser tão óbvia, nem precisa ser dita, porque todo mundo já está cansado de saber. Mas, na prática, não é bem assim.

Havia alguns anos, trabalhava na empresa líder do ramo de batatinhas fritas. Nosso produto tinha uma liderança enorme e folgada, coisa de 70% do mercado. Um dia, um concorrente resolveu escrever no pacotinho de batata esta frase: "Não contém colesterol".

Não passou uma semana e os nossos gerentes pelo Brasil afora começaram a me ligar para perguntar se não poderíamos também fazer uma batatinha frita sem colesterol. Respondi que nossa batata não continha colesterol. Era óbvio. Batatas são fritas em óleo vegetal, e óleo vegetal não tem colesterol. Apenas gordura de origem animal tem colesterol.

O que era óbvio para mim não era óbvio para o consumidor. As vendas começaram a cair até que determinado dia me rendi ao óbvio. Pedi para escrever bem grande no pacotinho: "Totalmente sem colesterol". As vendas voltaram ao normal. Os meus gerentes até escreveram elogiando o sabor da nova batatinha sem colesterol, sem acreditar que a batatinha era a mesma de sempre.

Daquele dia em diante, aprendi que boa parte dos mal-entendidos e dos desencontros em empresas acontece porque alguém achou que não precisava ficar repetindo todos os dias o que todo mundo deveria estar cansado de saber. Mas por que estou dizendo essas coisas, já que são tão óbvias? Exatamente por isso.

# 16

## O executivo incansável

O típico executivo do século XXI é mais ou menos como um polvo. É um ser incrível que consegue, ao mesmo tempo, falar ao celular, checar mensagens, anotar um recado, amarrar o sapato e ajeitar a gravata.

Onde é que esse povo encontra mãos suficientes para fazer tudo isso? Uma pesquisa recente mostrou que os típicos executivos do século XXI têm prazer em não ter tempo para nada. Trabalham quinze horas por dia, não tiram férias e só vêem a família por fotografia. Muitos são incapazes de dizer em que ano da escola os filhos estão.

Mas o que chama a atenção mesmo é a relação que têm com o estresse. Até o fim do século XX, o estresse era visto pelos executivos como sinal de alerta, aviso da natureza de que algo estava errado. Os executivos do século XXI acham o contrário – o estresse é a melhor demonstração de que estão sendo superprodutivos.

Tenho um amigo, o Alencar, que certo dia foi realizar um *checkup*. E só aceitou fazer porque a empresa exigiu, já que o Alencar não tinha tempo a perder. Uma semana depois, quando recebeu o resultado, o médico disse a ele: "Alencar, você está ótimo, não tem nada".

O Alencar virou uma fera. Ameaçou processar o médico se aquele resultado viesse a público. Porque não pegava bem trabalhar do jeito que trabalhava e não ter nem um estressezinho para comprovar. Seus superiores poderiam até achar que ele estava enrolando.

É claro que gente como o Alencar, cedo ou tarde, acaba tendo um treco. Foi exatamente o que aconteceu com ele. Um dia, o Alencar sentiu uma estranha sensação de falta de equilíbrio e se apoiou na mesa, mais branco que lençol em comercial de sabão em pó. A secretária do Alencar, a dona Neide, entrou toda assustada na sala e disse: "Se você continuar trabalhando dessa maneira, nesse ritmo maluco, não vai durar nem cinco minutos!".

O Alencar puxou o fôlego e respondeu, com a voz quase sumindo: "Nesse caso, dona Neide, apresse aquela ligação que pedi para Aracaju"...

# 17

## Como se tornar um *CEO*

Alguns ouvintes pediram que eu explicasse o que quer dizer uma sigla de três letrinhas – *CEO* – que anda aparecendo em jornais e revistas de negócios.

*CEO*, que é pronunciada letra a letra, em inglês ci-i-ôu, é a sigla para *Chief Executive Officer*, que se traduz como principal executivo da empresa. Ou seja, nada mais que o presidente. O presidente Lula, por exemplo, seria o *CEO* do Brasil.

Como uma sigla sempre gera filhotes de siglas, as outras áreas das empresas também resolveram participar dessa sopa de letrinhas. E aí foi só mudar a letrinha do meio da sigla. O *CFO* é o principal executivo financeiro. O *COO* é o principal executivo operacional. E o *CAO* é o principal executivo de auditoria.

Tudo isso foi criado pelos norte-americanos, sempre apressados, para economizar espaço e tempo na hora de dizer ou escrever o cargo de alguém. As multinacionais com filiais no Brasil, evidentemente, adotaram a novidade. E tem muita empresa brasileira que também adotou, sem necessidade, só porque é mais chique falar: "Sou o ci-ci-ôu, *Chief Copy Officer*", em vez de dizer "Sou o encarregado de tirar fotocópias".

Mas a melhor aplicação de *CEO* que vi foi a de um amigo meu, o Geraldinho, que está desempregado há um tempão e anda muito envergonhado com essa situação. Quando alguém pergunta o que tem feito na vida, ele faz aquela cara de executivo de sucesso e responde: "*CEO* faz oito meses". No caso dele, *CEO* quer dizer "continuo esperando ofertas".

# 18

## A grande mudança

Muitas pessoas acham que a solução para seus problemas está em uma mudança radical. Como se tudo o que foi feito até agora estivesse errado.

Acontece que, às vezes, uma pequena mudança pode ter mais efeito que uma grande mudança. É o que ensina a historinha das duas pulgas.

Duas pulgas estavam reclamando da vida quando uma disse a outra:

– Sabe qual é o nosso grande problema? Não sabemos voar, só saltar. Aí, quando o cachorro percebe a nossa presença, a nossa chance de sobrevivência é zero. É por isso que existem mais moscas do que pulgas neste mundo – moscas voam.

E aí as duas pulgas fizeram um curso de mosca. Aprenderam a voar, mas não ficaram satisfeitas. Uma disse a outra:

– Sabe qual é o nosso grande problema? Ficamos grudadas no corpo do cachorro. Daí, o nosso tempo de reação é mais lento que a coçada dele. Temos que fazer como as abelhas, que sugam o néctar e levantam vôo rapidamente.

E aí as duas pulgas fizeram um curso de abelha, mas não ficaram satisfeitas. Uma disse a outra:

– Sabe qual é o nosso grande problema? Nosso estômago é muito pequeno. Escapar do cachorro a gente até escapa, mas não estamos nos alimentando adequadamente. Devemos ser como os pernilongos, que têm aquele barrigão enorme.

E aí as duas pulgas fizeram um curso de pernilongo, mas não ficaram satisfeitas. Porque, com aquele barrigão, eram facilmente percebidas pelo cachorro e espantadas antes mesmo de conseguirem pousar.

Totalmente frustradas, porque nada na vida dava certo, as pulgas encontraram uma saltitante pulguinha. Como viram que a pulguinha estava forte e sacudida, as duas pulgas perguntaram:

– Escuta, o que você mudou que ainda não mudamos?

E a pulguinha respondeu:

– Nada, ué.

– Como assim, nada? – perguntaram as pulgonas.

– Como você escapa da coçada do cachorro?

E a pulguinha respondeu:

– Ah, é simples. Sento no cocuruto dele. É o único lugar que ele não alcança com a pata.

Muitas vezes, "a grande mudança" depende apenas de um pequeno reposicionamento.

# 19

## A essência da liderança

Todos nós já ouvimos a expressão "nesta vida há líderes e há seguidores". Creio que todos concordam que há mais seguidores que líderes, porque um líder sempre tem mais que um seguidor.

É claro que todo seguidor tem a ambição de se tornar líder. A pergunta é: o que se deve fazer para isso acontecer? A resposta é tão simples que parece complexa.

Liderança nada mais é que a capacidade de influenciar um grupo. Um líder tem ambição, energia, vontade de liderar, autoconfiança e conhecimento. Coisas que a maioria das pessoas acha que têm e têm mesmo.

Cada um de nós é um líder em potencial. A parte difícil é saber como passar da teoria à prática. Conheço uma empresa que soube como demonstrar isso com criativa simplicidade. Levou seus funcionários à beira de um rio, com correnteza forte, e colocou cinco funcionários, escolhidos ao acaso, dentro de um barco. Cada um ganhou um remo e o barco foi solto na correnteza.

O objetivo era levar o barco até a linha de chegada, cem metros adiante. A primeira reação foi de pânico, mas não demorou nem dez segundos para que um dos cinco começasse a orientar os outros quatro, coordenando o ritmo das remadas e cuidando para que o barco não adernasse, nem atolasse na margem do rio. Esse era o líder? Sem dúvida.

Quando o barco atingiu a linha de chegada, a empresa tirou do barco o líder e fez os quatro seguidores voltarem ao ponto de partida. Soltou o barco novamente no rio. Veio a surpresa: um dos quatro imediatamente assumiu a posição de líder. O barco chegou de novo a seu destino.

Em seguida, saiu do barco o segundo líder e ficaram os três seguidores. O barco fez o percurso novamente, sem afundar, porque um dos três liderou os outros dois. Liderança, o exercício mostrou, todos ali tinham. A lição é simples: quando a situação aperta, o líder sempre aparece.

Enquanto a maioria fica pensando no que precisa aprender para se tornar um líder, uns poucos saem liderando. Na teoria, todos somos líderes. Na prática, o líder é o que aproveita antes a oportunidade de ser líder.

# 20

## O prêmio pelo inesperado

Esta é uma história incrível, porém verdadeira. Ela foi contada por um selecionador de pessoal de uma empresa química.

A empresa tinha duas vagas em aberto, uma para chefe e outra para assistente. Apareceram dezenas de candidatos, tanto para uma como para a outra. Entra candidato e sai candidato, nenhum era bom. Os que queriam ser chefes não tinham liderança, os que queriam ser assistentes eram muito limitados.

O selecionador já estava ficando preocupado quando chegou um candidato a chefe. O selecionador fez as perguntas de sempre. Por exemplo:

– Por que você acha que conseguirá ser um chefe eficiente?

E o candidato respondeu:

– Bom, tenho todas as características que um chefe precisa ter. Gosto de mandar nas pessoas.

Gosto de ficar sem fazer nada enquanto os outros trabalham. Gosto de escrever relatórios em vez de tomar decisões. E, acima de tudo, adoro reuniões. Sou capaz de passar horas em uma sala de reunião falando e ouvindo abobrinhas, sem perder o pique. Tudo o que preciso é de um assistente que faça o trabalho por mim.

O selecionador ficou pasmo. Disse ao candidato que falando daquele jeito não seria contratado como chefe em nenhuma empresa do mundo. O candidato respondeu:

– É verdade. Mas o senhor deve concordar comigo que entendo muito bem o que é ser chefe. Por isso mesmo, qualquer chefe gostaria de ter um assistente como eu.

O candidato conseguiu a vaga que realmente estava querendo: a de assistente.

# 21

## O futuro de quem não sabe

Se você ainda não sabe qual é a sua verdadeira vocação, imagine a seguinte cena...

Você está olhando pela janela. Não há nada de especial no céu. Apenas algumas nuvens, aqui e ali. Aí, chega alguém que também não tem nada para fazer e pergunta:

– Será que vai chover?

Se você responder "com certeza", a sua área é vendas. O pessoal de vendas sempre tem certeza de tudo.

Se a resposta for "sei lá, estou pensando em outra coisa", a sua área é marketing. O pessoal de marketing está sempre pensando no que os outros não estão.

Se você responder "sim, há boa probabilidade", você é da área de engenharia, sempre disposta a transformar o universo em números.

Se a resposta for "depende", você nasceu para recursos humanos, área em que qualquer fato sempre está na dependência de uma série de outros fatos.

Se você responder "a meteorologia diz que não", você é da área de contabilidade, a que sempre confia mais nos dados do que nos próprios olhos.

Se a resposta for "sei lá, mas por via das dúvidas trouxe o guarda-chuva", seu lugar é na área financeira, que deve estar sempre preparada para qualquer mudança brusca.

Se você responder "não sei", há boa chance de que você tenha uma carreira de sucesso e acabe chegando à diretoria da empresa.

De cada cem pessoas, apenas uma tem coragem de responder "não sei" quando não sabe. As outras 99 sempre acham que precisam ter uma resposta pronta, seja ela qual for, para qualquer situação.

"Não sei" é sempre uma resposta que economiza o tempo de todo mundo e predispõe os envolvidos a conseguir dados mais concretos antes de decidir.

Parece simples, mas responder "não sei" é uma das coisas mais difíceis de aprender na vida corporativa. Por que, sinceramente, não sei.

# 22

## A simplificação da hierarquia

Em qualquer empresa, a diferença entre chefe e subordinado não é tanto uma questão de trabalho. É mais uma questão de palavras.

Por exemplo: se o subordinado deixa de fazer uma tarefa, é preguiçoso. Se o chefe deixa de fazer uma tarefa, é muito ocupado.

Se o subordinado demora a fazer um trabalho, é lento. Se o chefe demora a fazer um trabalho, é analítico.

Se o subordinado faz alguma coisa fora da rotina, está invadindo a área dos outros. Se o chefe faz a mesma coisa, demonstra ter iniciativa.

Se o subordinado não muda de idéia, é teimoso. Se o chefe não muda de idéia, é conservador.

Se o subordinado muda, é volúvel. Se o chefe muda, é progressista.

Se o chefe grita, demonstra autoridade. Se o subordinado grita, é histérico.

Se o chefe erra, é humano. Se o subordinado erra, é distraído.

Se o funcionário bate papo, está enrolando. Se o chefe bate papo, está estreitando o relacionamento interpessoal.

Se o chefe faz muitas ligações externas, explicará que a isso se dá o nome de *networking*. Se o subordinado faz muitas ligações externas, a empresa bota um cadeado no telefone.

Se o chefe não veio trabalhar, está doente. Se o subordinado não veio trabalhar, está se fingindo de doente.

Se o chefe diz que pretende um dia chegar a presidente da empresa, tem ambição. Se o subordinado diz que pretende um dia chegar a chefe, é uma ameaça.

Se o chefe fica muito tempo no mesmo cargo, está acumulando experiência. Se o subordinado fica muito tempo na mesma posição, vai ter problemas de coluna.

Em resumo, todo subordinado sabe como o chefe é. E todo chefe jura que não é.

# 23 "Duiú ispíque"?

Como todo mundo deve ter percebido, qualquer executivo moderno não resiste à tentação de enfiar dois ou três termos em inglês em qualquer conversa. Necessário pode não ser, mas que impressiona, impressiona.

Notem, por exemplo, a diferença entre alguém nos perguntar "o que você acha?", ou nos dizer "gostaria de ouvir seu *feedback*". No segundo caso, pensamos bem mais antes de arriscar uma resposta.

É a mesma diferença que existe entre alguém falar "trabalho em período integral" ou enunciar "trabalho *full time*". A impressão é de que a pessoa que trabalha *full time* não apenas trabalha mais como ainda é mais competente.

E quando pedimos um favor profissional a alguém? Se a resposta for "vou falar com um povo aí que conheço", ficamos com a impressão de que não vai acontecer nada. Mas se a resposta for "vou acessar meu *networking*", pode ser que nada aconteça, mas a esperança é bem maior.

Imagine, então, um chefe que chama seu subordinado e diz: "Preciso começar o relatório do mês e faltam as informações de vendas. Dá para você cobrar?". O subordinado, com certeza, vai sair da sala sem muito entusiasmo. Mas, se o chefe disser: "Preciso dar *startup* no meu *report*, mas pelo meu *check list* falta *database*. Você faz *follow up*?". O subordinado sai voando baixo, não sem antes responder "*yessss*".

É verdade que existem termos em inglês que fazem parte da rotina no mundo corporativo. Marketing, por exemplo, é marketing. Uma ou outra palavrinha em inglês usada aqui e ali pode até impressionar, ou mesmo ajudar a esclarecer. Mas exagerar na dose é querer chamar o Heródoto Barbeiro de Heródoto *Hair Stylist*.

# 24

## Tempo à brasileira

O advento da globalização gerou uma onda de fusões e muitos estrangeiros têm vindo trabalhar em empresas brasileiras. A maioria se depara com uma dificuldade natural – compreender o modo como contamos o tempo no Brasil.

Certa vez, montei uma tabelinha para que meu chefe, norte-americano, entendesse o que estávamos querendo dizer quando perguntava quanto tempo algum trabalho iria demorar.

Por exemplo: a resposta mais comum era DEPENDE. Depende, no Brasil, é uma medida quântica, porque envolve várias incógnitas. Todas desfavoráveis. Em algumas situações, depende pode até significar IMEDIATAMENTE, mas esse tipo de resultado, até hoje, foi conseguido apenas em testes de laboratório.

Outra resposta é JÁ-JÁ. Para quem ouve pela primeira vez, já-já pode parecer uma medida de tempo mais rápida que já, mas é o contrário. JÁ quer dizer AGORA e JÁ-JÁ quer dizer ASSIM QUE TERMINAR DE LER O JORNAL, VOU PENSAR A RESPEITO.

Há também LOGO. Logo significa que uma providência pode levar entre cinco minutos e milhares de anos. Por exemplo: "Logo chegaremos a outras galáxias".

Outra frase que confunde é NA SEMANA QUE VEM. Porque todas as semanas futuras, cedo ou tarde, virão. Portanto, qualquer semana, entre a próxima e a última semana do século XXI, pode ser tecnicamente classificada como semana que vem.

Existe também UM MINUTINHO, intervalo de tempo que nada tem nada a ver com sessenta segundos. E que raramente leva menos de dez minutos.

Finalmente havia o VEJA BEM e o COM CERTEZA. A diferença entre os dois, expliquei ao meu chefe, é que o veja bem era um com certeza mais detalhado. Mas as duas expressões significavam a mesma coisa: depende.

Como se vê, não somos um povo muito complicado de entender. Desde que ninguém fique nos apressando.

# 25

## Separando o joio do trigo

Outro dia, ouvi pela milésima vez uma frase muito repetida em empresas: "É preciso separar o joio do trigo".

Não sei se todo mundo sabe o que é joio, mas eu não sabia. Por isso, fui perguntar para quem entende. Falei com o pessoal do Moinho Santista, que vem comprando e vendendo trigo no Brasil desde os tempos da princesa Isabel.

Um especialista lá do Moinho explicou que joio é uma erva daninha que cresce no meio das plantações de trigo. E aí vem a pior parte – o joio é tóxico. Se o joio for moído junto com o trigo, a farinha inteira fica venenosa. E basta um "tantinho" de joio para envenenar um montão de farinha.

Quando estava começando a pensar em nunca mais comer pão nem bolo em minha vida, o especialista deu ótima notícia. Só usamos a frase ainda hoje porque ela está na Bíblia e não porque o joio seja ameaça. O joio foi erradicado. Não existe mais, faz séculos.

Isso no caso da farinha de trigo, mas não no caso das empresas. Existem muitas empresas que se transformaram em solo fértil para o desenvolvimento do funcionário-joio.

Quando o clima é de fofoca e a temperatura esquenta, um único funcionário-joio é capaz, sozinho, de envenenar todo o ambiente de trabalho. De intriga em intriga, não raramente o funcionário-joio acaba sendo promovido, enquanto o funcionário-trigo fica ali, criando raiz apenas.

Qualquer empresa é capaz de separar o joio do trigo. Algumas, por não entenderem muito de botânica, aproveitam o joio e desprezam o trigo.

# 26

## Acredite e você vencerá

Tudo tem solução.

Se você está passando por uma crise existencial, ou se era para ser promovido e não foi, ou se faz quatro anos que você não tem aumento decente, não se preocupe. Tudo tem solução.

Uma solução custa apenas 20 reais. É o preço de um livro que diz que tudo tem solução. Melhor ainda, há enorme variedade de livros mostrando que tudo tem solução. Aqui vão alguns exemplos.

- Um livro de astrologia dirá que você está vivendo uma fase de eclipse profissional, nada que um bom mapa astral não possa resolver. Basta esperar que Saturno entre na casa de Sagitário, o que deve acontecer daqui a 125 anos.

- Um livro de esoterismo dirá que nada está errado com você. O que está errado é o seu nome, que tem letras demais. Mude o nome e você mudará de vida. Um colega meu, o Fernandão, fez isso. Mudou o nome para Mônica e nunca mais foi o mesmo.

- Um livro de meditação lhe dará uma receita infalível – não faça nada e tudo se resolverá por si só. É recomendado para quem gosta de esperar sentado.

- Um livro de inteligência emocional lhe ensinará que existe diferença entre QI, o Quociente Intelectual, e QE, o Quociente Emocional. E a diferença é a seguinte: quem tem bom QI sabe o que é logaritmo. Quem tem bom QE não sabe, mas encontra excelente desculpa para não querer saber.

- Um livro de auto-ajuda. Esse é tiro e queda. A receita é a seguinte: ao acordar, olhe-se no espelho. Fixamente. Diga para você mesmo, de modo pausado, mas firme: "Vencerei". Repita a mesma cerimônia durante trinta dias, sem interrupção. Se depois de trinta dias você continuar empatando ou perdendo, troque o espelho.

# 27

## A motivação e a tortura

Uma das grandes sacadas motivacionais que já presenciei na vida aconteceu durante uma reunião de gerentes de vendas. O pessoal se reunia uma vez por mês, como ocorre em muitas empresas, para discutir os resultados do mês anterior e falar dos planos para o mês seguinte.

Essas reuniões seguiam um padrão bem definido: o diretor financeiro apresentava os números, o diretor de marketing falava das promoções, o diretor de RH incentivava o espírito de equipe. Em seguida, cada gerente regional de vendas apresentava seus números do mês que havia terminado e explicava o que havia acontecido – de bom e de ruim.

O ruim vinha superando o bom. Por três meses consecutivos, a grande maioria dos gerentes não havia atingido os objetivos. Ou seja, a cantilena nas reuniões não estava resolvendo nada.

Então, o diretor de vendas decidiu tomar uma providência. Chegou e disse:

– Pessoal, ficamos de novo abaixo da meta. Pelo terceiro mês. Não sei mais o que dizer a vocês. Por isso, vamos aproveitar o tempo para melhorar nossa cultura. Vamos fazer uma leitura conjunta de *Os Lusíadas*, de Luís de Camões.

Acho que todo mundo já ouviu falar de *Os Lusíadas*, o épico poema português. Mas não conheço ninguém que tenha tido paciência de ler a obra inteirinha, até porque é absolutamente ininteligível para seres normais como nós.

*Os Lusíadas* têm 1.102 estrofes, cada uma com oito linhas, o que dá, se não me falha a conta, 8.862 linhas. Linhas compridas, cheias de palavras que não são mais usadas desde 1900 e Machado de Assis.

Mas, se o diretor mandou, fazer o quê? Quinze gerentes, em voz alta, começaram a ler. Depois de uma hora, haviam chegado por perto da linha número setecentos. Faltavam ainda mais de oito mil linhas!

Foi nesse momento que o diretor de vendas disse:

– Ok, por hoje está ótimo. Continuamos a leitura na reunião do mês que vem.

No mês seguinte, como que por milagre, as vendas foram 12% superiores à meta. A área de vendas é assim. Se a motivação não funciona, a tortura sempre resolve.

# 28

## Os imprescindíveis genivais

As empresas estão cheias de funcionários que são muito mais importantes do que aparentam ser.

Aprendi isso havia muitos anos, quando fazia parte de um comitê de empresas que fabricavam produtos derivados de tomate. Todo ano, tínhamos que nos reunir com o sindicato dos produtores de tomate para discutir e acertar o preço a ser pago pela safra seguinte.

Só havia um problema: os produtores eram todos japoneses. Conversavam entre eles em japonês. Evidentemente, não entendíamos bulhufas do que falavam. Então, lá íamos nós, cinco diretores de cinco empresas para a reunião.

Quem nos conduzia era um motorista, chamado Genival. Moreno, baixinho e sempre com aquela cara de quem tinha acabado de acordar. Entrávamos na reunião, cumprimentávamos os oponentes e oferecíamos um preço. Os japoneses, invariavelmente, pediam o triplo. E começava aquela discussão. De quando em quando, os japoneses confabulavam entre eles, em japonês, e nós entre nós, no velho e bom português.

O Genival, que não tinha o que fazer enquanto a reunião não terminasse, ficava ali cochilando, sentado perto da porta, distante da mesa de reunião. Depois de duas ou três horas de negociação, nosso grupo, já meio baleado, pedia licença e saía da sala.

Nesse momento, o Genival nos encontrava lá fora e dizia: "Por tanto, eles fecham o acordo". Porque o Genival falava japonês. Os japoneses não sabiam. Então, voltávamos para a sala e fechávamos o acordo.

Não faço a menor idéia de quanto economizamos pelo fato de ter o Genival conosco, mas foi uma montanha de dinheiro. Ano após ano, os japoneses do sindicato nunca davam nenhuma importância ao Genival. Só nós sabíamos que, de nosso grupo, formado por cinco imponentes e graduados diretores, e um humilde motorista, o Genival era, de longe, o mais importante.

As empresas estão cheias de genivais. Mas a maioria delas não se preocupa em fazer o óbvio – descobrir e aproveitar o que cada funcionário pode oferecer de melhor.

# 29

## Traduzindo o executivês

Para quem anda meio confuso com certas palavras e expressões comumente utilizadas em empresas, aqui vão algumas definições.

- *Benchmark* é quando copiamos o que os outros fazem. Quando os outros copiam o que fazemos, é plágio.

- Projeto de vital importância é aquele que tem três etapas: planejamento minucioso, execução adequada e boa desculpa.

- Estratégia mercadológica é a capacidade que a empresa tem de repetir as mesmas falhas, ano após ano, mas sempre a partir de dados novos e mais confiáveis.

- Avaliação de cargos é a constatação de que um mecânico, que consegue resolver um problema com uma martelada, ganha muito menos do que um burocrata, que consegue esticar o mesmo problema escrevendo um relatório.

- Coerência nas decisões significa que a empresa adota um processo lógico para cometer erros.

- Funcionário insubstituível é aquele que tem uma função na empresa que nenhum outro funcionário está interessado em assumir.

- Momento de indefinição na carreira é aquele período em que uma pessoa se considera, ao mesmo tempo, muito velha para tentar e muito jovem para desistir.

- Finalmente, diversidade é saber reconhecer que as pessoas são diferentes. Em uma reunião, por exemplo, sempre existem dois tipos de pessoas: as que fazem estrelinhas no papel e as que fazem papel de estrelinhas.

# 30

## A regra dos 5%

Lembrei hoje de uma dessas estatísticas baseadas mais no bom senso do que na técnica. A regrinha dos 5%.

Segunda essa regra, de tudo o que escutamos, vemos, falamos, lemos ou escrevemos todos os dias apenas 5% realmente interessam. O restante é descartável.

Da mesma forma, de cada cem estagiários contratados por empresas, apenas cinco chegarão a cargos de chefia. De cada cem pequenos negócios que são abertos, apenas cinco se transformarão no sucesso que o dono sonhava. De cada cem bons alunos, apenas cinco repetirão na vida profissional o bom desempenho que tiveram na escola.

A mesma regra vale para o trabalho. Se passamos quarenta horas por semana em uma empresa, durante 5% desse tempo, ou duas horas, fazemos alguma coisa pela qual seremos lembrados daqui a algum tempo. As outras 38 horas são gastas em trabalhos de rotina, em reuniões, em conversas ao telefone ou em bate-papos sem importância.

Um teste que fazia comigo mesmo era me perguntar como havia gasto minhas duas horas de criatividade na semana anterior. Na maioria das vezes, descobria que havia sido, simplesmente, engolido pela rotina.

Essa lição dos 5% devo a meu saudoso professor Wantuil. Certa vez, durante uma daquelas algazarras incontroláveis em classe, o professor Wantuil, calmamente, disse que os 95% de alunos que quisessem persistir na bagunça poderiam continuar à vontade. Porque ele estava interessado em dar aula apenas para os 5% que iriam ser alguma coisa na vida. A classe imediatamente ficou em silêncio, porque todo mundo sempre se considera parte dos 5%.

Não sei se a lição funcionou no meu caso, mas certamente funcionou no caso do professor Wantuil. Porque devo ter tido cerca de cem professores na vida e ele é um dos cinco de que ainda me lembro.

# 31

## A preservação do Serjão

Uma figura que existe em qualquer empresa é o Serjão. E toda empresa que tem um Serjão deveria fazer uma campanha para preservá-lo, porque os "serjões" são espécies em extinção.

O Serjão é aquele profissional que acumulou enorme experiência e, por isso, gosta de dar palpite em tudo. Normalmente, tende a discordar de tudo o que os colegas falam. Por essa razão, o Serjão vive sendo criticado por todo mundo – por ser muito ácido e muito "crica".

Exatamente por sua longa vivência, o Serjão quase sempre tem razão no que diz. O problema não é o que fala, é a forma como fala. Aquela maneira de quem está anunciando o apocalipse. Aquele jeito de quem tem certeza absoluta de tudo.

É por prestar mais atenção na maneira como o Serjão fala, do que naquilo que está falando, que muitas empresas deixam de fazer o que deveria ser feito, ou cometem erros que poderiam ser evitados.

Convivi muitos anos com um legítimo Serjão e demorei um pouco até aprender a ouvi-lo. Mas confesso que só consegui entender como funciona a cabeça dos "serjões" no dia em que resolvi elogiar o Serjão em púbico, durante uma convenção da empresa. Foi naquele dia que entendi que os "serjões" não querem ser elogiados, querem ser ouvidos apenas.

De qualquer maneira, estávamos todos ali reunidos – gerentes, diretores e supervisores – quando comecei meu discurso:

– Pessoal, sei que muitos de vocês criticam o Serjão. Porque ele fala alto, acha que só ele tem razão, ou porque dá a impressão de ser o único que está preocupado com o futuro da empresa. Mas jeito é jeito e fato é fato. Um fato que posso comprovar é que de cem coisas que o Serjão falou até hoje, 99 estavam certas.

A sala estava no mais absoluto silêncio. Quando ia continuar, lá do fundo o Serjão perguntou:

– Ah, é? E qual é a que estava errada?

# 32

## A ostra e a pérola

A pérola é uma das pequenas maravilhas da natureza. Tão bonita, e tão rara, que acabamos usando a palavra como sinônimo de frase muito inteligente – "uma pérola de sabedoria".

Muito antigamente, acreditava-se que uma pérola era formada quando uma gota de orvalho descia do céu, por meio de um raio de luar, e caía no mar, onde era engolida por uma ostra. Isso, sem dúvida, é muito romântico. Mas, infelizmente, não é verdade.

A pérola é um mecanismo de defesa da ostra. A parte interna da ostra, chamada colo, é constituída de material muito delicado e sensível. É para se proteger do mundo exterior que a ostra vive fechada daquele jeito.

Apesar de todo esse cuidado, de vez em quando algum material estranho e irritante, como um grão de areia, acha um jeito de entrar na ostra e se instalar em seu colo. Ela reage, secretando um fluido para neutralizar o indesejado invasor. Dia após dia, ano após ano e camada após camada, o fluido acaba se transformando em pérola.

Nas empresas, conheci muita gente que passava o dia inteiro sem dizer uma só palavra. Eram pessoas que viviam fechadas em seus próprios mundos e pareciam não ter a mínima vontade de se mostrar sociáveis. Gente assim acaba ficando com a imagem de antipática. Com o tempo, essas pessoas passam a ser evitadas pelos colegas, já que pensam ser exatamente isso o que a pessoa está querendo – distância.

Muitas vezes, essas pessoas têm grandes contribuições a dar. Só não dão porque são tímidas. De cada dez pessoas, pelo menos duas padecem de timidez. Não porque queiram ser assim, mas porque são assim. Por isso, quando convivemos no trabalho com uma pessoa tímida – e fechada como uma ostra –, vale a pena tentar achar uma brecha e se aproximar. Afinal, se as ostras não existissem, não existiriam as pérolas.

# 33

## Quem fica com a glória

O dia 20 de julho de 1969 foi um marco na história da humanidade. Pela primeira vez, desde que a raça humana habita a Terra, um ser humano deixou os limites do planeta e pisou em outro corpo do universo. No caso, o mais próximo de nós, a Lua.

Exatamente às 23 horas, 56 minutos e 31 segundos, horário de Brasília, o astronauta Neil Armstrong terminou de descer os nove degraus do módulo lunar Eagle, e deixou na superfície da Lua a impressão da sola de sua bota do pé direito. Tamanho 41.

Nem todo mundo lembra do feito de Neil Armstrong. Mas, dos três astronautas da missão Apolo 11, se alguém consegue ser lembrado é ele. Saber os nomes dos outros dois já é coisa de fanático por ciência aeroespacial.

O que pouca gente sabe é que Neil Armstrong foi o primeiro a pisar na Lua por dois motivos: o mais conhecido, porque ele era o chefe daquela missão espacial. O segundo motivo é que, dos três astronautas, Neil Armstrong era, tecnicamente falando, o menos necessário.

O segundo homem a pisar na Lua, Buzz Aldrin, desceu depois que Neil Armstrong garantiu que tudo estava bem. Porque Buzz Aldrin era o piloto do módulo lunar. Se descesse antes, e acontecesse alguma coisa errada, Neil Armstrong não conseguiria mais levantar vôo.

O terceiro astronauta, que ficou rodando no espaço, Michael Collins, era o mais importante dos três, porque era o único que conseguiria pilotar a nave espacial de volta à Terra. Por isso mesmo, permaneceu em órbita, lá em cima, esperando os outros dois.

Tantos anos depois, a chegada do homem à Lua continua sendo uma bela parábola do que é o mundo corporativo moderno. Não importa se os funcionários são extremamente bem qualificados, nem que executem com perfeição suas tarefas. Porque, no final das contas, quem acaba ficando com toda a glória é o chefe.

# 34

## O gênio consultor

Um gerente, conhecido meu, está passando maus bocados com uma consultoria que desembarcou na empresa em que trabalha por ordem da matriz. Desde o primeiro momento, o consultor-mor concluiu que tudo estava errado. Depois de uma semana de pressão, o gerente nem conseguia mais dormir direito e acabou tendo um pesadelo.

Sonhou que caminhava por uma praia e tropeçou em uma garrafa. Ao tentar limpá-la para ler o rótulo, saiu um gênio de dentro dela. O gênio disse:

– Estou aqui para atender a um pedido seu.

O gerente, que já havia lido muitas histórias sobre gênios, estranhou e perguntou:

– Só um? Não seriam três desejos?

O gênio respondeu:

– É que sou um gênio consultor. Por isso, reduzi os pedidos de três para um a fim de obter mais produtividade em meu trabalho.

O gerente, então, pediu um milhão de dólares. O gênio perguntou:

– *Cash* ou em títulos ao portador?

O gerente respondeu, já meio impaciente:

– Sei lá, gênio. Pode ser de qualquer jeito, porque um milhão é um milhão.

Foi nesse momento que o gênio começou a demonstrar sua real importância:

– Meu caro, desculpe, mas você não entende nada de desejos. Você precisa pensar nas perspectivas de rentabilidade de seu milhão. Aposto que você nem considerou a possibilidade de um investimento *off-shore*. Nem as implicações jurídicas, tributárias e contábeis de seu desejo. Isso sem mencionar o imposto de renda retido na fonte e a minha comissão.

O gerente, espantado, perguntou:

– Comissão? Que comissão?

O gênio explicou que um gênio consultor não é como esses gênios picaretas que existem por aí. Gênio consultor recebe 18% de comissão sobre o valor bruto dos desejos. E estendeu um contrato de 120 páginas, em quatro vias, para o gerente assinar.

Foi nesse momento que o gerente acordou, assustado e suando frio. No dia seguinte, contou o que havia sonhado e comentou que não estava agüentando aquele pesadelo. Quando perguntei se havia comido em excesso na noite anterior, quem sabe uma picanha muito engordurada, o gerente respondeu:

– Não, estou me referindo ao outro pesadelo. Muito pior que sonhar com um gênio que pensa ser consultor é ter que conviver acordado com um consultor que pensa ser gênio.

# 35

## Os que aceleram e os que freiam

Qualquer empresa, independentemente do tamanho, divide-se em vários grupos de dez funcionários.

De cada dez, dois trabalham para acelerar os negócios. Outros dois fazem o possível para brecar todas as iniciativas dos dois que querem acelerar. Os outros seis só acompanham a maré. É evidente que os dois que mantêm o pé no acelerador têm que trabalhar em dobro, por eles e pelos dois que ficam pisando no freio.

Uma empresa de sucesso é aquela que identifica e neutraliza os dois funcionários que querem deixar tudo como está. Normalmente, essas duas pessoas não confiam nelas mesmas. Essa insegurança faz com que tenham um empecilho para qualquer idéia. A especialidade delas é produzir desculpas. Estão sempre solicitando mais dados para retardar uma decisão, sugerindo reuniões para discutir melhor o assunto, ou pedindo um relatório escrito sobre algo que podia ser conversado em três minutos.

E como as empresas agem em relação a essas duas pessoas? De duas maneiras e ambas incorretas: ou demitem, ou fazem de conta que o problema não existe. Demitir, simplesmente, pode ser um erro, porque essas pessoas podem ter conhecimentos técnicos valiosos. Além disso, não importa quem seja contratado no lugar delas, a regra dos dez vai continuar existindo e vão aparecer outras duas pessoas em cada dez para tentar brecar o progresso.

As empresas mais produtivas são as que incentivam as duas pessoas que querem empurrar e, com isso, neutralizam as tentativas das duas que querem brecar. Assim, as seis que vão para onde o vento estiver soprando se alinharão com as duas mais produtivas.

Quando uma empresa resolve dar poder aos dois que só querem manter tudo como está, os seis neutros se juntam a eles e não há negócio que resista a 80% de funcionários em marcha lenta. Pior de tudo, os dois que realmente trabalham não agüentam e vão embora. Ou ficam, mas vivem estressados e com insônia, porque é duro tentar plantar quando oito não querem colher.

# 36

## A pinta da motivação

Foi no meu primeiro emprego que aprendi o que é motivação.

Nosso departamento era meio devagar e ninguém demonstrava muita vontade de trabalhar, apesar de nosso supervisor viver berrando ordens lá da mesa dele. Trabalhávamos em um desses ambientes abertos, um grande salão em que todo mundo enxergava todo mundo. Nossa seção era formada quase que inteiramente por homens, mas, um dia, foi contratada uma funcionária. A Gláucia. Alguém descobriu que ela tinha um fantástico apelido de infância: Glaucinha da Pinta.

É claro que a primeira coisa que todo mundo tentou fazer foi descobrir onde ficava a pinta da Gláucia. Mas logo percebemos que a pinta não estava em nenhum lugar visível, o que aumentou a curiosidade geral. Alguns colegas mais atrevidos foram perguntar a Gláucia onde ficava a pinta, mas ela ria e se recusava a responder, o que fez o nível de testosterona do departamento entrar em ebulição.

Um belo dia, nosso supervisor reuniu os homens e fez uma proposta. Se conseguíssemos atingir os objetivos do mês seguinte, a Gláucia concordava em nos revelar onde ficava a pinta. É claro que nunca trabalhamos tanto como naquele mês e batemos a meta em 200%. O supervisor cumpriu o que prometera.

Com todos os homens ansiosamente reunidos desde as sete da manhã, e a expectativa a mil, a Gláucia chegou toda sorridente, abriu a bolsa e tirou sua carteira de identidade. O nome inteiro dela era Gláucia Maria Dapinta Rodrigues. Ficamos com aquela cara de tacho e, pior, sem desculpas para maus resultados nos meses seguintes.

Mas aprendi com meu supervisor que motivação nada mais é que trocar um grande esforço por uma pequena recompensa. Se a pinta é falsa ou real, não tem a menor importância. O bom motivador é o que consegue manter sua equipe convencida de que a pinta existe.

# 37

## O efeito príncipe Charles

Um problema que vem afetando alguns colegas é o chamado "efeito príncipe Charles".

O príncipe Charles, como todo mundo sabe, um dia vai ser rei. Nasceu para ser rei, foi preparado para ser rei, e todo mundo fica o tempo todo dizendo que ele vai ser rei. É só uma questão de paciência.

Quando o príncipe Charles era jovem, alguém disse que a mãe dele, sua majestade a rainha, renunciaria quando o príncipe Charles fizesse 25 anos. Ele fez e ela ficou na dela, na moita. Digo, no trono. A promoção a rei foi transferida para quando o príncipe Charles fizesse trinta anos, depois quarenta, depois cinqüenta...

E lá está o príncipe Charles, sexagenário, viúvo e casado pela segunda vez, esperando a mãe renunciar para que ele, finalmente, torne-se rei. Todo dia ele acorda e alguém diz: "Não se preocupe, caro Charles, é só uma questão de tempo".

Essa é também a frase que meus colegas andam ouvindo nas empresas em que trabalham: tudo é apenas uma questão de tempo. Eles estão preparados para uma promoção, a empresa jura que serão promovidos, mas, na hora H, sempre acontece alguma coisa e a promoção fica para depois. A empresa diz que eles, como o príncipe Charles, precisam ter apenas mais um pouco de paciência.

Não sei o que o príncipe Charles pensa de tudo isso, mas meus colegas que estão mofando há anos no mesmo cargo ficam se perguntando se vale a pena tomar uma atitude drástica. Do tipo: "Ou vocês se decidem, ou vou embora". O pior, no caso de meus colegas, é que até agora só receberam promessas. O príncipe Charles, além de promessas, tem um monte de mordomias e uma vida cheia de regalias imperiais.

Quer dizer, o príncipe Charles pode até esperar a vida inteira, porque não vai fazer muita diferença. Mas, para quem já percebeu que está marcando passo na empresa, a melhor saída... é a saída.

# 38

## O orgulho de ser Valdemar

Em uma empresa em que trabalhei, havia um vendedor chamado Valdemar. O Valdemar adorava ser vendedor, tanto que, quando alguém perguntava o nome dele, respondia: "Valdemar, com v de vendedor".

O Valdemar era tão bom que, um dia, resolvemos promovê-lo a supervisor. Chamamos o Valdemar, fizemos a comunicação e, quando esperávamos que o Valdemar fosse saltar da cadeira, abraçar todo mundo e começar a chorar de emoção, ele simplesmente respondeu:

– Agradeço de coração. Mas não, obrigado.

O gerente do Valdemar ficou uma fera. Disse:

– Como assim, Valdemar? Oferecemos uma chance dessas e você recusa? Você não tem ambição?

O Valdemar respondeu:

– Claro que tenho. Tenho muita. Minha ambição é ser o melhor vendedor desta empresa.

Os anos passaram e o Valdemar continuou em sua função, feliz da vida. Começamos a nos perguntar quantos "valdemares" não haveria na empresa. Pessoas que estavam felizes fazendo o que faziam. Que não estavam dispostas a trocar meia hora de convívio com a família, no fim do dia, por 10% a mais de salário e um expediente mais longo. Que não faziam nenhuma questão de ser promovidas, ao contrário do que os ambiciosos gerentes e diretores imaginavam.

No fundo, quem dá sustentação às empresas são os "valdemares". Os diretores vêm e vão, mas os "valdemares" ficam. Não querem mais salário, querem mais respeito. Nas empresas há dia para tudo, mas todo dia é o dia do Valdemar. Aquele colaborador tão eficiente, e tão prestativo, que seus superiores nem sabem o nome dele.

# 39

## O tempo em que havia emprego

Emprego é uma relação profissional que beneficia as duas partes envolvidas: de um lado, o empregador satisfeito. Do outro, o empregado feliz.

Em troca da cessão de seu tempo e de seu talento, o empregado recebe uma série de vantagens. Vantagens previstas em lei, ou concedidas espontaneamente pela empresa. Estamos tão acostumados com essa relação com o emprego como o peixe está acostumado com sua relação com a água.

Quase todo mundo que nasceu nos últimos oitenta anos tinha a única preocupação de ser bom empregado. Mas o emprego, como o conhecemos hoje, é um fenômeno típico do século XX. Não existia no século XIX e vai aos poucos deixando de existir no século XXI. Está se tornando arcaico, assim como os algarismos romanos.

No século XIX, a concorrência era pequena, porque sete de cada dez pessoas trabalhavam na lavoura. Da minoria que trabalhava em indústrias, nas grandes cidades, a maior parte executava serviços pesados e braçais, sem necessidade de qualquer especialização. Logo, os salários eram insignificantes. E os benefícios, inexistentes.

No século XXI, a tecnologia está, cada vez mais, substituindo a mão-de-obra. Nas grandes empresas, o faturamento aumenta e o quadro de pessoal diminui. Já existem empresas em que um único funcionário fica atrás de um painel e as máquinas fazem tudo sozinhas.

Os índices mundiais de desemprego não mostram crise econômica, apenas que há mais pessoas do que emprego. Os índices não são ainda maiores porque muitas deixaram de procurar emprego e começaram a se virar por conta própria. Palavras estranhas, há cinqüenta anos, como franqueados, consultores e prestadores autônomos de serviços hoje se tornaram comuns.

Para quem está se preparando para uma carreira no século XXI, a primeira coisa a ter em conta é que "um emprego" não será mais a primeira opção. Será exceção.

# 40

## A síndrome de beija-flor

Ao contrário das demais aves, que voam com o corpo na posição horizontal, o beija-flor voa na vertical. Por isso, suas asas não batem para cima e para baixo, como as de seus colegas de pena, mas para frente e para trás.

Essa proeza requer enorme esforço. O beija-flor precisa bater as asas mais de sessenta vezes por segundo e seu coração pulsa 1.260 vezes por minuto. É claro que, para ter tanta vitalidade, o beija-flor precisa de energia. Muita energia. Ele consome, a cada dia, entre metade e ¾ do peso de seu corpo em açúcar.

Daí vem o grande paradoxo dos beija-flores: nada menos que 80% da energia que produzem é gasta apenas para sustentar seu peculiar estilo de vôo. Se um beija-flor aprendesse a retirar o néctar das flores pousando na planta em vez de ficar batendo asa ao lado dela, como um helicóptero de penas, reduziria sua carga de trabalho em 80%. Teria menos estresse e não sobrecarregaria tanto seu coração.

Por que, então, o beija-flor nunca pensou nessa solução mais cômoda? Porque se transformaria em um passarinho qualquer. E teria duas opções na vida: ou ficaria trancado em uma gaiola, piando na hora certa e ganhando sua raçãozinha de alpiste, ou viveria uma vida de pardal, voando anônimo pela vida.

Ser diferente das outras aves não é a sua opção. É a sua natureza. Nas empresas, existem pessoas que fazem um monte de coisas ao mesmo tempo, freqüentam tudo quanto é curso, têm idéias e sugestões. Essas pessoas incansáveis são os beija-flores das empresas.

Mas essa gente, quase sempre, é mal-entendida pelos colegas de trabalho. O que o funcionário beija-flor chama de entusiasmo, seus colegas classificam como falta de foco. O que chama de dinamismo, seu chefe chama de dispersão.

Por que o profissional beija-flor insiste em ser acelerado e criativo, quando seria muito mais fácil ser igual a todo mundo? Porque ser diferente dos colegas não é a sua opção. É a sua natureza.

# 41

## O papel em branco

Qualquer situação pode ter várias interpretações. Todas elas podem ser corretas. Nas empresas, muitos problemas acontecem quando a maioria se recusa a admitir que a minoria também pode estar certa.

Certa vez, fiz um curso em que os participantes receberam uma folha de papel em branco e foram convidados a responder uma pergunta: "O que você vê na folha?". O que você responderia?

No curso, 80% dos integrantes deram a resposta óbvia e pragmática: vejo uma folha em branco. Mas alguns colegas foram mais criativos em suas respostas.

- Um engenheiro respondeu: vejo fibras de celulose tratadas e prensadas.
- Um sonhador respondeu: vejo meu futuro, que ainda não foi escrito.

- Um "marqueteiro" respondeu: vejo todo o espectro de cores, porque a fusão de todas as cores resulta no branco.
- Um psicólogo respondeu: vejo a imensidão do nada.
- Um colega, bastante prático, respondeu: vejo uma folha de papel que poderá ser de muita utilidade em uma situação de emergência.

Na hora de avaliar as respostas, os 80% que viram apenas a folha exatamente como ela era, um pedaço de papel em branco, fizeram muitas gozações com os que tinham ousado enxergar além da brancura do papel. A muito custo, admitiram que as demais respostas também estavam certas.

Essa é a sina de pessoas criativas nas empresas. Sempre vêem uma situação comum por um ângulo inesperado e, na maioria das vezes, são ironizadas por enxergar o que os outros não enxergam.

Os criativos são uma minoria e nem sempre têm razão, mas uma coisa é certa: no mínimo, vale a pena escutá-los, porque dão respostas mais interessantes.

# 42
## Benefícios e artifícios

Aqui vai uma historinha interessante sobre avaliação e solução de problemas.

Muitos anos atrás, trabalhava em uma multinacional que acabou comprando uma fábrica na Tailândia. Uma semana depois, um colega e eu fomos enviados para Bangcoc. Nosso objetivo era avaliar as condições de trabalho na fábrica.

Quando chegamos, bastou um minuto para ficarmos horrorizados. Os tailandeses trabalhavam descalços. Ao nos verem, começaram a apontar para os nossos sapatos.

Imediatamente, meu colega e eu subimos para uma sala no segundo andar. Trancamos a porta e começamos a esboçar um plano de motivação. Compraríamos sapatos para aquela gente humilde e conseguiríamos um alto grau de cooperação imediata. Assim, o valor gasto em sapatos retornaria em menos de quinze dias.

Uma hora depois, o plano estava pronto, com todos os custos envolvidos já calculados, assim como o esboço de uma cerimônia pública, na qual iríamos distribuir os sapatos, sob um clima de forte emoção geral. Com a papelada na mão, descemos à fábrica para conversar com o gerente. Novamente, os funcionários se puseram a apontar para os nossos sapatos.

Foi então que, de repente, aconteceu algo que vem acontecendo em Bangcoc nos últimos cinqüenta milênios e nós não sabíamos. A maré subiu e uma fina lâmina de água invadiu o chão da fábrica. Os funcionários continuaram a trabalhar normalmente, mas meu colega e eu ficamos com os nossos sapatos arruinados.

Descobrimos que os tailandeses tinham sapatos, mas que estavam seguramente guardados nos armários. O que os funcionários tentaram nos dizer, por duas vezes, não era: "Que maravilha, os nossos amados benfeitores chegaram". Era: "Tirem os seus sapatos".

Perdi um bom par de sapatos, mas, daquele dia em diante em diante, nunca mais implantei programa algum de benefícios sem antes perguntar diretamente aos funcionários se era aquilo mesmo que estavam querendo ou precisando.

# 43

## A única verdade

Existem muitos gurus que sabem dar respostas criativas às grandes questões sobre mercado de trabalho. Aqui vai um pequeno resumo de uma entrevista com o famoso Randolph Brennan.

- AINDA É POSSÍVEL SER FELIZ EM UM MUNDO TÃO COMPETITIVO?

  RESPOSTA. Quanto mais conhecimento conseguimos acumular, mais entendemos que ainda falta muito a aprender. É por isso que sofremos. Trabalhar em excesso é como perseguir o vento. A felicidade só existe para quem consegue aproveitar agora os frutos de seu trabalho.

- O PROFISSIONAL DO FUTURO SERÁ INDIVIDUALISTA?

  RESPOSTA. Ao contrário. O azar será de quem ficar sozinho. Porque, se cair, não terá ninguém para ajudá-lo a se levantar.

- Que conselho o senhor dá aos jovens que estão entrando no mercado de trabalho?
  Resposta. É melhor ser criticado pelos sábios do que ser elogiado pelos insensatos. Elogios vazios são como gravetos atirados em uma fogueira.

- E para os funcionários que têm chefes centralizadores e perversos?
  Resposta. Muitas vezes, os justos são tratados pela cartilha dos injustos. Mas isso passa. Por mais poderoso que alguém pareça ser, será incapaz de dominar a própria respiração.

- O que é exatamente sucesso?
  Resposta. É o sono gostoso. Se a fartura do rico não o deixa dormir, ele estará acumulando, ao mesmo tempo, sua riqueza e sua desgraça.

Belas e sábias respostas... Queria me desculpar apenas pelo fato de que não existe nenhum Randolph Brennan. Eu o inventei. Todas as respostas, embora extremamente atuais, foram retiradas de um livro escrito havia 2.300 anos. O *Eclesiastes*, do

Velho Testamento bíblico. Mas, se digo isso logo no começo, muitas pessoas talvez nem teriam interesse em continuar lendo.

# 44

## O manual do nunca

Projeto é uma série de atividades que vai dar vida prática a uma boa idéia.

Novos projetos são o oxigênio de uma empresa, porque impedem que a empresa continue a fazer sempre a mesma coisa e acabe perdendo o fôlego e se tornando obsoleta.

Trabalhei em uma empresa que tinha muitos projetos, o que era bom. Mas a maioria deles não dava resultados práticos, o que era ruim. Um dia, cansados de tanto errar, decidimos parar e conversar. Logo descobrimos onde estava o problema.

Sempre fazíamos um monte de mudanças no meio dos projetos, porque as pessoas envolvidas neles trocavam de opinião de repente, ou se omitiam, ou pareciam mais interessadas em discutir com os outros membros da equipe.

Nosso problema não era técnico, mas de liderança. Resolvemos a questão nomeando um líder para cada projeto, com poderes quase ditatoriais sobre a equipe. E criamos para o líder uma série de sete regrinhas, que chamamos de "manual do nunca". Os projetos, daí em diante, começaram a dar certo. As sete regras do manual do nunca eram as seguintes:

1. Nunca peça exatamente a mesma coisa a duas pessoas. Por mais claro que você seja, cada uma vai entender de um jeito.
2. Nunca pense que uma pessoa que estudou mais que a outra saiba mais que a outra.
3. Nunca dê uma tarefa urgentíssima a um funcionário que tenha tempo livre. Dê a um que esteja superocupado.
4. Nunca imagine que um problema já atingiu seu ponto máximo. Tudo sempre pode piorar.
5. Nunca aposte na opinião de quem não pode tomar decisão.
6. Nunca delegue coisas que depois você terá que explicar sozinho.
7. Nunca tente convencer se você pode mandar.

# 45

## A lei de Pareto

Vilfredo Pareto, economista italiano, viveu de 1848 a 1923. Ficou famoso por ter formulado a lei que hoje leva seu nome.

Segundo ela, em qualquer país do mundo, 20% das pessoas concentram 80% das riquezas. Em qualquer empresa de que se tem notícia, 20% dos clientes respondem pelo total de 80% dos negócios. Em qualquer fábrica, seja nacional ou estrangeira, 20% dos componentes de um produto, ou de um equipamento, representam 80% do custo.

Ao dar a mesma importância a todos os fatores, dizia Pareto, as empresas estavam deixando de se concentrar no que realmente interessava. Foi por causa da lei de Pareto que surgiu a curva ABC, usada havia 75 anos pelas áreas de compras. Itens menores devem ser comprados em quantidades bem grandes para que ninguém fique perdendo tempo com ninharias.

Pareto formulou sua teoria em 1906, quando já estava com 58 anos. Mas isso não é incrível. Incrível é que ninguém, antes de Pareto, tenha percebido algo que hoje parece tão óbvio.

A lei de Pareto não era apenas econômica, era também sociológica. Pense um instante em sua empresa. Você perceberá que 20% dos funcionários são responsáveis por 80% das confusões, das reclamações e dos mal-entendidos. Nesse caso, bastaria eliminar esses 20% e a vida na empresa seria uma maravilha, correto? Segundo Pareto, não. Porque, imediatamente, outros 20% passariam a se comportar exatamente como os eliminados se comportavam.

Assim, em qualquer organização, é inevitável que existam 20% de chatos, de sanguessugas, de preguiçosos ou de carreiristas. Esse é o lado perverso da lei de Pareto. Mas há também o outro lado, o lado bom. De cada cinco colegas em sua empresa, quatro são "gente fina". O problema é que o quinto, sozinho, será responsável por 80% das angústias que você terá.

Portanto, como diria Pareto, não se preocupe demais. Preocupe-se, apenas, com os quintos.

# 46

## A lei da perversidade profissional

Nas relações entre pessoas no trabalho existem apenas três regras:

- REGRA NÚMERO UM: colegas passam, inimigos são para sempre.

  A chance de uma pessoa se lembrar de um favor que você fez a ela vai diminuindo à taxa de 20% ao ano. Cinco anos depois, o favor será esquecido. Não adianta mais cobrar. Mas a chance de alguém se lembrar de uma desfeita se mantém estável, não importa quanto tempo passe.

  Exemplo: se você estendeu a mão para cumprimentar alguém em 2001 e a pessoa ignorou sua mão estendida, você se lembra disso toda vez que encontra essa pessoa.

- REGRA NÚMERO DOIS: a importância de um favor diminui com o tempo, enquanto a importância de uma desfeita aumenta.

  Favor é como investimento de curto prazo. Desfeita é como empréstimo de longo prazo. Um dia, será cobrado e com juros.

- REGRA NÚMERO TRÊS: colega não é amigo.

  Colega é aquela pessoa que, durante algum tempo, parece amigo. Muitas vezes, até parece o melhor amigo. Mas isso dura até um dos dois mudar de emprego. Amigo é aquela pessoa que liga para perguntar se você está precisando de alguma coisa. Ex-colega que parecia amigo é aquela pessoa que você liga para pedir alguma coisa e ela manda dizer que no momento não pode atender.

Durante sua carreira, uma pessoa normal terá a impressão de que fez um milhão de amigos e apenas meia dúzia de inimigos. Estatisticamente, isso parece ótimo. Mas não é. A lei da perversidade profissional diz que, no futuro, quando você precisar de ajuda, é provável que quem mais vá ajudá-lo será exatamente um daqueles poucos inimigos.

Profissionalmente falando, e pensando no longo prazo, o sucesso consiste principalmente em evitar fazer inimigos. Porque, por uma infeliz coincidência biológica, os poucos inimigos são aqueles que têm boa memória.

# 47

## Cada um é cada um

Em empresas, cada um é cada um.

Para cada um que explica, tem um que não entende.
Para cada um que tem certeza, tem um que diz depende.

Para cada um que é grato, tem um que só reclama.
Para cada um que se esforça, tem um que vive da fama.

Para cada um que acelera, tem um que pisa no freio.
Para cada um que aposta, tem um na coluna do meio.

Para cada um que pensa, tem um que pensa que pensa.
Para cada um que aceita crítica, tem um que acha ofensa.

Para cada um que cumprimenta, tem um que não responde.
Para cada um que se expõe, tem um que se esconde.

Para cada um que empurra, tem um que segura.
Para cada um que elogia, tem um que censura.

Para cada um com iniciativa, tem um propondo reunião.
Para cada um com um objetivo, tem um com uma objeção.

Para cada um buscando consenso, tem um procurando atrito.
Para cada um que fala, tem um que pede por escrito.

Para cada um que acredita, tem um que duvida.
Para cada um que arrisca, tem um que se intimida.

Para cada um que é claro, tem um que faz salamaleque.
Para cada um que segue em frente, tem um que pede *feedback*.

Para cada um com foco, tem um que muda de tema.
Para cada um que vê a solução, tem um que só vê o problema.

Para cada um que tenta, tem um que diz que vai dar errado.
Para cada um que erra, tem um que já tinha avisado.

Para cada um que quer sossego, tem um que não sai de cima.
E para cada um que disputa... tem um que não rima.

# 48

## O pulo do gato

Em empresas que têm equipes de vendas é comum um vendedor mais antigo treinar um novo vendedor. Os dois visitam clientes juntos e o vendedor veterano passa ao jovem todos os truques da arte de vender bem.

Quer dizer, quase todos. Quando o jovem recém-chegado, apesar de todo o seu entusiasmo, não consegue atingir os mesmos resultados que o vendedor antigo obtém, a reclamação é sempre a mesma: o veterano ensinou tudo o que sabia. Menos o pulo do gato.

Em uma empresa em que trabalhei, essa era a maior reclamação dos jovens vendedores. Eles queriam aprender o pulo do gato. Um dia, decidimos ensinar.

Trouxemos para a nossa convenção um especialista em zoologia e ele fez uma apresentação sobre as sete etapas do pulo do gato. São as seguintes:

1. O gato gira a cabeça para que seus olhos fiquem paralelos ao solo, mesmo que o restante do corpo ainda esteja torto.

2. O rabo fica esticado na posição vertical, girando constantemente para auxiliar no equilíbrio.

3. O gato gira a coluna e alinha a parte dianteira do corpo com a cabeça.

4. A parte traseira do corpo é alinhada com a parte dianteira.

5. As quatro patas se emparelham para que possam tocar o solo ao mesmo tempo.

6. A poucos centímetros do chão, o gato estica bem as patas e arqueia a coluna.

7. No exato momento em que toca o solo, o gato descontrai as patas e endireita a coluna. A ação funciona como perfeito amortecedor de impacto. E o bichano sai caminhando sossegado como os vendedores mais antigos faziam ao final de cada dia.

No término da apresentação, os novos vendedores estavam com aquela cara de quem não entendeu nada. O diretor de vendas explicou: o gato sempre acerta o pulo porque jamais muda a seqüência e não tenta fazer nada diferente.

# 49

## Nada substitui o bom senso

Esta historinha foi contada pelo diretor de uma grande empresa, que levou seu pessoal da área de planejamento e finanças para uma reunião em um *resort* na Bahia.

Uma das atividades da reunião era uma gincana intelectual. O pessoal foi dividido em grupos e teria que resolver complicados problemas matemáticos. Ao todo, eram dez questões. O grupo que resolvesse primeiro gritava a resposta e ganhava um ponto.

Tudo transcorreu normalmente até a questão número quatro. Com as maquininhas de calcular já fumegando, a questão número cinco foi enunciada:

– Pereira tem dezesseis anos. Percebeu que sua idade havia dobrado quatro vezes. De um para dois, de dois para quatro, de quatro para oito e de oito para dezesseis. Se essa progressão persistir, daqui a dezesseis anos, que idade terá Pereira?

O diretor esperava que todo mundo pulasse da cadeira ao mesmo tempo e gritasse 32! Mas passou-se um minuto e nada. Dois minutos, três minutos. A questão estava gerando controvérsias.

Um dos grupos se convenceu de que a frase mais importante da questão era "se essa progressão persistir", porque jogava o problema do campo prático para o hipotético. Outro grupo montou um gráfico multicolorido para mostrar a inviabilidade biológica da solução – que seria 256 anos.

Outras hipóteses incríveis foram levantadas. Isso porque os grupos ponderaram o seguinte: a empresa, certamente, não iria levá-los a um *resort* na Bahia apenas para resolver um problema que qualquer aluno de primeiro grau resolveria. Portanto, a resposta tinha, necessariamente, que ser complicada. Porque, em uma empresa, qualquer questão é sempre complicada e requer muita análise.

Já a conclusão do diretor foi bem mais simples. Quanto mais a tecnologia avança, e mais processos são inventados, mais as pessoas deixam de pensar usando o óbvio e elementar bom senso.

# 50
## Os dois pecados do estagiário

Um candidato a estagiário estava atrasado para uma entrevista. Na pressa, atravessou correndo a rua em frente à empresa sem olhar para os lados. Foi atropelado por um carro.

No instante seguinte, viu-se em um lugar estranho, cheio de nuvens pelo chão. Sem saber bem o que estava acontecendo, o candidato deu de cara com duas portas. Em uma estava escrito CÉU. Na outra, INFERNO.

Precavido, abriu a porta do céu e foi recebido por um senhor de barbas brancas. Depois de explicar o que havia acontecido, o candidato foi informado que, naquele momento, o céu não dispunha de vagas para estagiários. E que deveria voltar no mês seguinte. Enquanto isso, o senhor de barbas brancas sugeriu que não custava nada o candidato a estagiário dar uma olhadinha nas condições oferecidas pelo inferno.

Meio desconfiado, o candidato abriu a porta do inferno e foi recebido por uma simpática recepcionista, que imediatamente o encaminhou ao gerente de recrutamento. Muito sorridente, o gerente disse que o inferno estava mesmo precisando de estagiários e abriu uma janela.

Por ela, o candidato viu uma multidão de jovens em volta de uma piscina, dançando e se divertindo. E aí confessou ao gerente que sempre tivera uma visão muito diferente do inferno. O gerente falou que a imagem negativa do inferno era um trabalho de marketing da concorrência e que o inferno era aquilo mesmo: só alegria e felicidade, praticamente nenhum trabalho.

Feliz da vida, o candidato assinou a ficha de inscrição. Foi encaminhado a uma porta. Ao entrar, foi agarrado por dois supervisores capetas e atirado em um caldeirão de óleo fervendo. Viu um monte de estagiários em volta na mesma situação, gemendo e gritando de dor.

Surpreso, o estagiário perguntou a um gerente capeta o que estava acontecendo. O gerente explicou:

– Você está sendo castigado porque cometeu os dois pecados mais graves que um candidato a estagiário pode cometer. O primeiro é aceitar o primeiro emprego que aparece. O segundo, acreditar em tudo o que a empresa promete.

# 51

## Os cinco estágios da carreira

Existem cinco estágios em uma carreira.

- O PRIMEIRO ESTÁGIO é aquele em que um funcionário precisa usar crachá, porque quase ninguém na empresa sabe o nome dele.
- No SEGUNDO ESTÁGIO, o funcionário começa a ficar conhecido dentro da empresa e seu sobrenome passa a ser o nome do departamento em que trabalha. Por exemplo, Heitor de contas a pagar.
- No TERCEIRO ESTÁGIO, o funcionário passa a ser conhecido fora da empresa e o nome da empresa se transforma em sobrenome. Heitor do banco tal.
- No QUARTO ESTÁGIO, é acrescentado um título hierárquico ao nome dele: Heitor, diretor do banco tal.

- Finalmente, no QUINTO ESTÁGIO, vem a distinção definitiva. Pessoas que mal conhecem o Heitor passam a se referir a ele como "o meu amigo Heitor, diretor do banco tal". Esse é o momento em que uma pessoa se torna, mesmo contra sua vontade, em "amigo profissional".

Existem algumas diferenças entre um amigo que é amigo e um amigo profissional. Amigos que são amigos trocam sentimentos. Amigos profissionais trocam cartões de visita.

Uma amizade dura para sempre. Uma amizade profissional é uma relação de curto prazo e dura apenas enquanto um estiver sendo útil ao outro.

Amigos de verdade perguntam se podem ajudar. Amigos profissionais solicitam favores. Amigos de verdade estão no coração. Amigos profissionais estão em uma planilha.

É bom ter uma penca de amigos profissionais. É isso que, hoje, chamamos de *networking*, um círculo de relacionamentos puramente profissional. Mas é bom não confundir uma coisa com a outra.

Amigos profissionais são necessários. Amigos de verdade, indispensáveis.

Algum dia, e esse dia chega rápido, os únicos amigos com quem poderemos contar serão aqueles poucos que fizemos quando amizade ainda era coisa de amadores.

# 52
## O segredo do plano estratégico

O ouvinte Amélio Marques foi promovido a supervisor. Em sua nova função, ganhou o direito de opinar sobre o plano estratégico da empresa.

Recebeu um calhamaço de papel para ler. Depois de ler uma dúzia de vezes, não entendeu nada. Não conseguiu ver, no plano estratégico que recebeu, nada que fosse vagamente parecido com as coisas que de fato aconteciam na empresa.

É simples. Os planos estratégicos são redigidos em um idioma diferente, chamado português corporativo. Uma língua tão complicada que nem é falada, é apenas escrita. Para facilitar, dou quatro exemplos de coisas simples que fazemos todos os dias, mas que têm nova dimensão quando são escritas em português corporativo.

1. Implementar a substituição estratégica de equipamento periférico, gerando alto grau de lumi-

nosidade adequada ao ambiente criativo. Isso significa trocar a lâmpada queimada do banheiro.

2. Avaliar as vantagens da implantação imediata de um programa emergencial de governança financeira doméstica balanceada. Ou seja, parar de estourar o cheque especial.

3. Estabelecer prioridades energéticas operacionais em detrimento de impulsos que possam redundar em um processo de *surplus* calórico. Tradução, não comer doce fora de hora.

4. Esquematizar a agenda de atividades de maneira a criar um *gap* vital para o atendimento imediato às demandas biológicas essenciais. Em português normal, tirar um cochilo depois do almoço.

Por isso, caro Amélio, não se preocupe. Sua empresa continua sendo a mesma que era antes. Em sua nova função, você apenas ganhou o direito de complicar. Por isso, relaxe e complique. Porque se você mostrar competência para complicar será promovido a gerente.

# 53

## A empresa meio devagar

Não é novidade para ninguém que as empresas precisam ser ágeis. Atualizadas. Espertas. Ligadas.

Existe, porém, um tipo de empresa muito interessante. Aquela que é rápida no discurso, mas devagar na ação. Normalmente, quem trabalha em uma empresa assim quase não percebe que ela está andando para trás. Porque parece que vai indo para frente e a todo vapor.

Trabalhei em uma empresa desse tipo. Não por coincidência, alguns anos depois, ela quebrou. Para surpresa dos clientes, dos fornecedores e, principalmente, dos funcionários. Então, aqui vão alguns sinais de que uma empresa está devagar, mas não parece.

- PRIMEIRO SINAL. Tudo tem desculpa. Se um projeto não dá certo, ou se um resultado não é atingido, a culpa é sempre da concorrência, que sonega. Ou da legislação, que é antiquada. Ou da economia, que é imprevisível. Ou da globalização. Ou de um terremoto nas Ilhas Galápagos.

- SEGUNDO SINAL. Tudo é desproporcional. A punição é desproporcional ao erro. A comemoração é desproporcional ao resultado.

- TERCEIRO SINAL. Fala-se muito em novos projetos, mas poucos projetos são de fato implantados. Normalmente, novos projetos vão sendo adiados com base em uma frase sem muita consistência: "Agora não é o momento".

- QUARTO SINAL. Novas idéias são incentivadas e aplaudidas. Mas são rapidamente engavetadas ou esquecidas.

- QUINTO SINAL. Fala-se muito em futuro, mas boas histórias são sempre as mesmas e de um passado já distante.

- SEXTO SINAL. Os objetivos são muito agressivos. Mas a agressividade fica só no papel. Depois, na vida prática, tudo volta ao primeiro sinal, o das desculpas. E o ciclo recomeça.

Mesmo assim, a direção da empresa continua parecendo motivada e empolgada. O motivo é simples: em terra de perdedores, quem empata se sente rei.

# 54

## Os mandamentos do chefe

Há uma dezena de fatores que influi em uma carreira profissional. Mas a experiência prática mostra que o primeiro deles, em ordem de importância, é se dar bem com o chefe.

Todas as promoções ou são de iniciativa do chefe, ou dependem da opinião do chefe. Por isso, aqui vão os dez mandamentos do bom relacionamento com o chefe.

- PRIMEIRO. Nunca falar mal do chefe. As orelhas do chefe são do tamanho de todas as paredes e de todos os corredores da empresa.
- SEGUNDO. Nunca ofuscar o chefe. Seja na roupa, no comportamento, ou na inteligência.
- TERCEIRO. Jamais colocar a culpa no chefe, principalmente quando a culpa é do chefe.

- QUARTO. Não assumir responsabilidades que são do chefe. Se não existe um subchefe oficial, isso não significa que a função será de quem pegar primeiro.

- QUINTO. Não tratar o chefe como amigo íntimo na frente de colegas ou de clientes.

- SEXTO. Não interromper o chefe quando ele está falando. Não é que chefes não gostem de ser interrompidos, detestam.

- SÉTIMO. Nunca dizer "chefe, temos um problema". Isso é o que se chama de delegar para cima. O chefe não quer problemas, quer soluções.

- OITAVO. Jamais perguntar se um trabalho é urgente. Se o chefe em pessoa pediu, então é muito urgente.

- NONO. Nunca dizer que cometeu um erro porque não entendeu bem o que o chefe havia pedido. Se o chefe fala em gótico, o subordinado precisa aprender gótico.

- Décimo. Nunca tentar explicar aos colegas alguma coisa que o chefe disse. Chefes não apreciam o subordinado porta-voz. Se alguém tem dúvida, deve perguntar diretamente ao chefe.

Com certeza, muita gente, neste momento, está pensando: "Meu chefe não merece tanta reverência, porque é um péssimo chefe". Pode até ser verdade, mas não tem nada a ver. Se o chefe não aprendeu a ser bom chefe, isso não isenta o subordinado de aprender a ser bom subordinado.

# 55
## As aves que aqui gorjeiam

No longínquo ano de 1843, o poeta maranhense Gonçalves Dias escreveu a célebre *Canção do Exílio*. Aquele poema que diz: "Minha terra tem palmeiras, onde canta o sabiá. As aves que aqui gorjeiam, não gorjeiam como lá".

Na época, Gonçalves Dias não estava propriamente exilado. Havia mudado para Lisboa por causa de um objetivo bem definido: pretendia cursar a faculdade de direito. Mesmo vivendo em um país onde se falava o idioma igual ao do Brasil, Gonçalves Dias teve aquele poético surto de saudade. Mal sabia ele que, quase dois séculos depois, muitos brasileiros iriam começar a ter saudade do tempo em que se falava português em salas e corredores de empresas brasileiras.

Se hoje Gonçalves Dias fosse vivo, e trabalhasse por aqui, provavelmente escreveria um poema mais ou menos assim...

Minha empresa tem um *office*
Onde manda o *CEO*
Tem dez vice-presidentes
Cada um com assessor

Nosso *budget* tem mais *profit*
Nosso *customer, relationship*
O *manager* tem *notebook*
E o *motoboy* tem um bipe

Minha empresa tem *call center,*
*Stock option* e *bonus plan*
Tem *happy hour* à tarde
E *breakfast* de manhã

O *advertising* tem mais *recall*
O marketing tem mais *appeal*
*Everybody* diz *yes*
E *nobody* dá um pio

Quase dois séculos depois, o mundo corporativo desmentiu Gonçalves Dias. Porque as aves que aqui gorjeiam, estão gorjeando como lá.

# 56

## A síndrome do pato

O pato é uma ave que sabe andar, voar e nadar. Mas não é um modelo em nenhuma das três coisas. O andar do pato é desajeitado. Ele nada devagar. E voa muito mal.

Muitos funcionários sabem que não são patos e têm certeza de que não nasceram para pato. Mas são tratados pelos chefes como se fossem patos – lentos e incompetentes. Qual é o remédio para escapar da síndrome do pato?

É começar entendendo a síndrome do pavão. O pavão anda mais devagar que o pato. E quem já viu um pavão nadando ou voando? Quando alguém tem uma máquina fotográfica e vê um pato e um pavão, vai sempre fotografar o pavão.

O pavão aparece mais, embora seja menos competente, porque sabe se pavonear. Ou seja, o pavão tem o que o pato não tem. Marketing pessoal. É claro que o pavão não tem a mínima idéia do que seja marketing pessoal. O pavão é uma obra da natureza e não de seus próprios talentos.

Já o funcionário tem essa opção. Precisa aprender a se promover. O termo autopromoção tanto pode significar querer aparecer de graça às custas dos outros, o que é reprovável, como divulgar de modo eficaz o próprio trabalho, o que é recomendável. O bom marketing, seja de um produto ou de um funcionário, está assentado sobre três pilares.

1. É preciso que o maior número possível de pessoas saiba o que faço.
2. É preciso que essas pessoas se convençam dos benefícios do que faço.
3. É preciso que essas pessoas estejam convencidas para que possam divulgar o que faço de bom.

Todas as grandes marcas que conhecemos fizeram e fazem isso. A síndrome do pato é o trabalho sem imagem. A síndrome do pavão é a imagem sem trabalho. A soma do bom trabalho com a boa imagem é o marketing pessoal.

# 57

## Por trás do organograma

Os nomes podem variar um pouco. Mas, de modo geral, a nomenclatura de cargos é bastante semelhante em todas as empresas.

- PRESIDENTE. É o inquilino temporário da cobertura do organograma com direito a banheiro privativo. Presidente é o mesmo que *CEO*, mas sem sotaque.

- DIRETOR E VICE-PRESIDENTE. No fundo, é a mesma coisa. A diferença está no jeito de falar. Enquanto um diretor diz "isto aqui está uma bagunça total", um VP diria "a presente situação requer a imediata implementação de governança corporativa".

- GERENTE. Um profissional graduado que ainda não entendeu bem o que a diretoria espera dele. Quando fala sobre o futuro, é acusado de ser pouco operacional. Quando bota a mão na massa, é criticado por não ter visão estratégica.

- MANAGER. O mesmo que gerente, apesar de ter *password* em vez de senha.

- SUPERVISOR. Na visão da alta cúpula, é alguém cuja opinião deve ser:
  a) constantemente solicitada;
  b) imediatamente descartada.

- FUNCIONÁRIO. É um indivíduo que ocupa uma função hierárquica semelhante à de uma infinidade de outros indivíduos. Mesmo escondido sob esse aparente anonimato, é o profissional mais mencionado nas conversas dos altos escalões. Por exemplo: "O funcionário não sabe valorizar o que fazemos por ele".

- ESTAGIÁRIO. É um jovem que se saiu bem em uma infinidade de testes, nos quais foi medida a sua capacidade para se sair bem em uma infinidade de testes.

Se isso parece meio confuso, vamos ao chamado organograma simplificado:

- SUPERIOR HIERÁRQUICO
  É o que conta uma piada sem graça.

- SUBORDINADO CONSCIENTE
  É o que ri.

- SUBORDINADO ALTAMENTE POTENCIAL
  É quem pede para contar outra.

# 58

## Empresas que se autodestroem

Existem empresas que destroem a si mesmas aos poucos, mas consistentemente. Parece que trabalham para diminuir e não para crescer.

É claro que naquele quadrinho em que há a Nossa Missão não está escrito: "Nosso objetivo é ser a empresa que mais encolhe no Brasil". Ao contrário, sempre está escrito que vai ser a maior, a melhor, a mais rápida e a mais eficiente. Na prática, as ações não condizem com as palavras.

Existem dez sintomas de que uma empresa está caminhando para a autodestruição.

1. Uma dificuldade muito grande para implantar idéias novas.

2. Muito trabalho feito tem que ser refeito, porque no final acaba-se descobrindo que não era bem aquilo.

3. Muitos documentos são produzidos sem clara finalidade. São memorandos, *e-mails*, relatórios e cópias de relatórios que vão para o arquivo, ou para o lixo, sem ninguém ler.

4. Não é fácil achar alguém que realmente possa tomar uma decisão. Um sempre manda falar com o outro.

5. Projetos raramente são implantados na data prevista e não raramente são adiados para uma data indefinida, mas nunca muito próxima.

6. Os funcionários quase nunca conseguem conversar com os superiores, que estão sempre muito ocupados e não podem atender naquele momento.

7. A comunicação é falha. Os funcionários não são informados das coisas, descobrem as coisas.

8. A inconsistência é a regra. Um problema é tratado de um jeito hoje e de outro amanhã.

9. Exemplos de coisas positivas que acontecem fora da empresa são citados de modo negativo. Por exemplo, um concorrente lança novo pro-

duto e a empresa se preocupa mais em achar defeitos nele do que em tentar enxergar suas possíveis qualidades.

**10.** O clima é pesado. Em empresas assim, os funcionários passam o dia sentindo uma espécie de desconforto, que ninguém consegue explicar direito. A explicação é que a empresa está caminhando, lentamente, para a autodestruição.

# 59

## O espelho da empresa

Trabalhei em algumas empresas – umas ótimas, outras nem tanto. Mas fui relativamente infeliz apenas em uma.

Durante anos, atribuí a minha infelicidade à própria empresa. Afinal, sou normal. Quando alguma coisa não vai bem no trabalho, eu, como todo mundo, sempre procuro primeiro colocar a culpa em alguma coisa abstrata. A estrutura. O ambiente. Os "hóme".

Com o tempo, cheguei à conclusão de que a culpa por não ter me dado bem naquela empresa tinha sido inteiramente minha. Porque, durante o processo de contratação, cometi um erro elementar: acreditar nas palavras das pessoas que me entrevistaram em vez de acreditar na portaria.

A portaria é como amostra grátis do que vamos encontrar na empresa. E aquela empresa tinha uma portaria que era um filme de horror.

- PRIMEIRO, os atendentes não eram educados. Quando me aproximei, dois atendentes estavam conversando e continuaram a conversa por mais alguns minutos, sem se preocupar nem em me dizer bom-dia.

- SEGUNDO, a burocracia para conseguir ultrapassar a portaria era enorme. Depois de apresentar um documento, tive que preencher um formulário, no qual havia perguntas do tipo: com quem vai falar, qual departamento, qual assunto.

- TERCEIRO, a portaria era desorganizada. Apesar de ter hora marcada com o diretor, ninguém na portaria havia sido avisado. Como o porteiro não conseguiu localizar o diretor, nem a secretária dele, fiquei esperando por quinze minutos em uma salinha em que havia quinze pessoas e seis cadeiras.

Mesmo assim, acabei sendo contratado. Levei menos de um dia para descobrir que a empresa era insensível, burocratizada e desorganizada. Ou seja, era o espelho perfeito do que havia visto na portaria. Na vida, a primeira impressão é a que fica. No caso da empresa, a portaria é a primeira impressão. A que fica, define e explica.

# 60

## O cheiro do problema

Os banheiros da fábrica entupiram. E aquilo a que chamamos, tecnicamente, de matéria fecal, começou a vazar dos vasos sanitários.

O odor rapidamente se tornou insuportável e alguns operários foram conversar com o supervisor. O supervisor ficava em uma salinha e o banheiro dele estava funcionando normalmente. Os operários, depois de expor a gravidade da situação, imploraram:

– Seu supervisor, o senhor precisa dar um jeito nisso, urgente. Ninguém mais agüenta o cheiro.

O supervisor, preocupado, foi falar com o gerente. Explicou a situação:

– Seu gerente, certa quantidade de matéria-prima comumente usada para a produção de fertilizante brotou de repente dos sanitários da fábrica. O que faremos?

O gerente respondeu que não poderia fazer nada antes de conversar com a diretoria. E ligou para o diretor.

– Senhor diretor, creio que encontramos uma maneira de adubar o jardim de nossa unidade industrial com uma redução de 80% nos custos operacionais. Podemos usar insumos produzidos aqui mesmo em nossa fábrica.

O diretor deu os parabéns ao gerente e sugeriu a imediata formação de um grupo de trabalho multifuncional para a elaboração de um projeto. Satisfeito, foi contar as boas-novas ao vice-presidente.

– Caro vice, tenho a satisfação de informar que conseguimos a adesão de 100% dos empregados da fábrica para um grande projeto de paisagismo ecológico.

Impressionado, o vice foi à sala do presidente.

– Ilustre senhor presidente, nossa fábrica está implantando um sistema de fertilização *in house* com base apenas no esforço pessoal de nossos operários.

– Maravilha, disse o presidente. Vamos encomendar uma campanha de relações-públicas para nossa empresa ser eleita uma das cem mais ecologicamente responsáveis do Brasil.

Enquanto isso, na fábrica, havia operário desmaiando. Empresas são assim. Para quem não quer sentir o cheiro do problema, tudo é perfume.

# 61
## A fase das dúvidas

Existe uma fase na carreira em que algo parece que vai acontecer, mas ainda não aconteceu. Aquela fase em que o funcionário não é mais um iniciante, mas ainda não começou a ser, de fato, respeitado.

Essa é uma etapa vital para a carreira. Corresponde, na vida biológica, ao período que está entre a infância e a adolescência. No trabalho, é um tempo em que um funcionário ainda é tratado como se fosse criança, mas já é cobrado como se fosse adulto.

É nesse momento que a empresa começa a decidir em quais funcionários vale a pena investir. Nossa ouvinte Ângela está nessa fase e pede cinco dicas sobre erros que não deve cometer. E, como a Ângela enfatiza, precisam ser cinco dicas que não requeiram nem prática, nem investimento. Vamos lá.

- PRIMEIRA DICA. Não faça inimizades no trabalho. Seu inimigo de hoje pode ser seu chefe amanhã.

- SEGUNDA. Quando ouvir uma crítica a algum colega, não concorde, nem discorde. Apenas aponte algo positivo que o criticado tenha. Empresas gostam de quem consegue enxergar o lado bom das situações.

- TERCEIRA. Se você apresentou um trabalho e ele foi elogiado, tire uma cópia e guarde em uma pasta. Essa pasta será o seu melhor currículo e você um dia precisará dele.

- QUARTA. Sempre peça conselhos a seu chefe direto. Seu futuro na empresa começa pela aprovação dele.

- QUINTA. Concentre-se nos resultados. Mesmo que você tenha idéias brilhantes para melhorar a empresa, seu foco deve estar 100% no objetivo que lhe foi passado.

- SEXTA. Preste atenção ao tipo de pessoa que é elogiada pelos superiores. Esses funcionários são os modelos internos de desempenho e de comportamento.

- SÉTIMA. Jamais questione seu salário. Não peça mais dinheiro, peça mais oportunidades.

Foram sete dicas, duas a mais do que havia sido pedido. E a última dica é: sempre procure entregar mais do que as pessoas lhe pedem.

# 62

## Os três burrinhos e o burro velho

Três burrinhos caminhavam pelo pasto quando deram de cara com um rio. Um rio estreito e fundo.

Então, os três burrinhos procuraram uma ponte. Tiveram uma idéia brilhante: um ficou parado e cada um dos outros saiu trotando em uma direção. Quando um deles avistou uma ponte, zurrou bem alto. O burrinho do meio zurrou também e o terceiro burrinho ouviu e veio se juntar aos outros dois.

Assim, com um trabalho em grupo, economizaram um tempo que teriam desperdiçado, caso os três tivessem saído caminhando em uma mesma direção.

Mas a ponte parecia frágil. Os três burrinhos tiveram outra idéia brilhante: testar a resistência da ponte. Como perfeita operação em equipe, uniram suas forças e empurraram uma pedra sobre a ponte. A ponte desabou.

Os três ficaram contentes por ter escapado de um possível acidente. Mas continuaram com o problema de atravessar o rio.

Apesar do estereótipo que persegue a espécie, os três burrinhos eram muito criativos. Passaram um par de horas pensando em soluções práticas a fim de cruzar o rio. Concluíram que era preciso construir um dique para controlar a vazão da água. Para isso, teriam que contratar a consultoria de outros animais especializados. O que não seria um problema, já que eram burrinhos com bom *networking*.

Nesse momento, apareceu um quarto burro, mais velho e mais experiente. Um burro sênior. Entusiasmados, os três burrinhos contaram ao burro sênior o plano que haviam bolado.

O burro sênior ouviu pacientemente a história e perguntou:

– Por que vocês querem atravessar o rio?

Os três não souberam responder.

O burro sênior disse:

– Vocês são muito criativos, mas cometeram um engano. O de sair procurando respostas antes de fazer as perguntas adequadas. Desperdiçaram tempo, esforço e criatividade para resolver um problema que só existe porque vocês mesmos o criaram.

# 63

## A hora de mudar

Daniela não sabe se está feliz ou não em seu emprego. Mas desconfia que não está. Por isso pergunta: como descobrir se a hora de mudar de emprego já passou?

Uma conversa informal é a situação perfeita para avaliar essa possibilidade. Imagine que você esteja em um *happy hour* em uma sexta-feira à tarde com um grupo de amigas que trabalha em outras empresas. Nessa hora, seu subconsciente irá assumir o controle e falar por você. Os sintomas de descontentamento profissional são sete:

1. Se o tema trabalho entra em pauta, você tenta mudar imediatamente de assunto e diz: "Ah, não dá para falarmos de outra coisa?"

2. Se você não consegue fazer o grupo mudar de assunto, não encontra nada de interessante

7. Se uma de suas amigas mencionar casualmente que há uma vaga em aberto na empresa dela, você voa sobre a mesa, agarra o braço dela e diz: "É minha. Falei primeiro. É minha".

Se você conseguir se enquadrar em cinco dessas sete situações, a sua hora de mudar de emprego já passou. Faz tempo.

# 64

## Ser gerente

Escreve o ouvinte Moraes: "Acabo de ser promovido a gerente. Sei que muita coisa vai mudar por causa disso, mas ainda não sei exatamente o quê. Por isso pergunto: o que é ser gerente?".

Gerentes são profissionais que conseguem resultados por meio de pessoas. A definição é mais velha que Matusalém, mas essa é a grande mudança. Você deixou de ser "as pessoas" e passou a ser alguém que consegue os resultados por meio delas.

Então, vamos lá. O que é ser gerente?

- Ser gerente é ser exigente. As pessoas acham que dá para deixar tudo para depois. O gerente é o responsável pelo cumprimento dos prazos.

- Ser gerente é ser paciente. Mesmo sendo inflexível na hora de cobrar, o gerente tem que saber explicar para cada pessoa o que se espera para falar sobre seu emprego e descobre maneiras criativas de dobrar o seu guardanapo.

3. Se você tenta falar de seu trabalho com entusiasmo apenas porque suas amigas estão entusiasmadas com os empregos delas, você sente como se uma luz piscasse em sua testa: "Falsa... falsa... falsa".

4. Se as poucas histórias que você sente prazer em contar são as de como sua empresa se deu mal em um projeto, ou de como um diretor deu uma pisada na bola, ou como o nível de seus colegas de trabalho é baixo.

5. Se alguém perguntar quanto sua empresa fatura por mês, ou quanto dá de lucro, você ou chuta, ou confessa que não tem a mínima idéia e nem tem interesse em saber.

6. Se alguém questionar há quanto tempo você está na empresa, você é capaz de dizer o número exato de anos, meses e dias. Porque o tempo passa muito mais devagar para quem está insatisfeito.

dela e fazê-la repetir o que ouviu para ter certeza de que entendeu. Gerentes que dão meia explicação recebem desculpas inteiras.

- Ser gerente é ser competente. É o modelo técnico das pessoas. Se o gerente souber menos que as pessoas, falar mais alto que elas não vai gerar respeito. Vai produzir insatisfação.

- Ser gerente é ser producente. Ele trabalha mais horas que as outras pessoas.

- Ser gerente é ser vidente. Deve perceber que algo está errado, mesmo sem ter todos os dados, e consertar a situação antes que saia de controle.

- Ser gerente é ser coerente. Se falar cada dia uma coisa, e viver desdizendo o que disse, vai ganhar desconfiança.

- Ser gerente é ser valente. Deve defender as pessoas que trabalham com ele.

- Ser gerente é ser decente. Não pode nem fomentar, nem ignorar intrigas.

- Ser gerente é ser semente. O bom gerente é o que forma futuros gerentes.

- Ser gerente é ser gente. Não deve imaginar que o título de "superior hierárquico" vai torná-lo melhor que as pessoas que trabalham com ele.

O erro mais comum de um gerente recém-promovido é permitir que o cargo lhe suba à cabeça.

Ser gerente é muita coisa que rima, mas ser gerente não é ser onipotente.

# 65
## *Hands on*

Concorrendo com mais duzentos candidatos, a Fabiana ficou com a cobiçada vaga de gestora de atendimento interno, nome que agora se dá à seção de serviços gerais.

No processo seletivo, a Fabiana preencheu todos os requisitos exigidos pela empresa. Que eram, além de formação superior, fluência em inglês, profundos conhecimentos de informática, criatividade, liderança e ambição. E ainda ser *hands on*.

No primeiro dia, a Fabiana instalou-se em sua mesinha e meia hora depois chegou o primeiro cliente interno. Seu Borges. Fabiana se apresentou e o seu Borges já foi mandando:

– Faça três cópias desse relatório.

– *In a hurry*!

– Saúde.

– Não, isso quer dizer "bem rapidinho". É que tenho fluência em inglês. Aliás, desculpe perguntar, mas por que a empresa exige fluência em inglês se aqui se fala apenas português?

– Sei lá. Dá para você tirar logo as cópias?

– O senhor não prefere que eu digitalize? Porque tenho profundos conhecimentos de informática.

– Não, não. Cópias normais mesmo.

– Certo. Mas não poderia deixar de mencionar minha criatividade. Comecei a desenvolver um projeto pessoal visando eliminar 30% das cópias que tiramos.

– Fabiana, desse jeito não vai dar!

– E eu não sei? Preciso urgentemente de uma auxiliar.

– Como assim?

– É que sou líder e não tenho ninguém para liderar. Considero isso um desperdício de meu potencial energético.

– Olha, neste momento, só preciso das três có...

– Com certeza. Mas antes vamos discutir meu futuro...

– Futuro? Que futuro?

– É que tenho ambição. Já faz uma hora que estou aqui e ainda não aconteceu nada.

– Fabiana, estou aqui há dezoito anos e também não me aconteceu nada!

– Sei. Mas o senhor é *hands on*?

– Hein?

– *Hands on*. Mão na massa.

– Claro que sou!

– Então o senhor mesmo deve tirar as cópias. E agora com licença que vou sair por aí explorando minhas potencialidades. Foi o que me prometeram quando fui contratada.

Então, o mercado de trabalho está ficando dividido em duas facções. Uma, que aumenta cada vez mais, é a dos que não conseguem boas vagas porque não têm as qualificações requeridas.

A outra facção, menor, mas crescente, é a dos que são admitidos porque têm todas as competências exigidas nos anúncios. Mas não poderão usá-las, porque, no fundo, a função não precisava delas.

# 66 Hã?

"Meu nome é Olívia. Não creio que meus títulos acadêmicos interessem neste momento, portanto permita-me ir direto ao assunto. Ouço diariamente sua coluna e percebo que um percentual bastante elevado de ouvintes escreve com o intuito de fazer questionamentos sobre situações pessoais. Além disso, em uma parcela significativa dos casos, as questões se referem a situações imediatas de relacionamento interpessoal.

Acredito que o mercado de trabalho, enquanto forma de gestão participativa, deve ter um escopo muito mais abrangente. Do ponto de vista holístico, podemos transformar nossas experiências em lições válidas, tanto para a maximização da performance coletiva, quanto para o alinhamento de nossas próprias iniciativas.

Não pretendo, com isso, negar a validação de uma carreira. Meu intento é redirecionar o foco das discussões, dando a elas uma dinâmica que seja mais correlata com as correntes epistemológicas do conhecimento. Apenas assim, acredito, será plenamente factível o gerenciamento dos ativos intangíveis, política atualmente tão preconizada pelas organizações de primeira linha, que pregam a disseminação indistinta do conhecimento como forma de 'alavancagem' da cultura empresarial.

Essa é basicamente a minha proposição. Discutir metodologias e enfeixar hipóteses mais amplas, porque apenas assim conseguiremos derrubar paradigmas arcaicos e evitar a proliferação de novos. Creio que estou expressando a opinião de muitos ouvintes ao lhe propor essa reconfiguração estrutural."

Prezada Olívia, creio que estou expressando a opinião de muitos ouvintes ao lhe dizer... Hã?

EDITORA GLOBO



Edição e revisão Ana Tereza Clemente
Capa, projeto gráfico e editoração eletrônica Marina Mayumi Watanabe
Foto da capa Frederic Jean

EDITORA GLOBO S.A.

Av. Jaguaré, 1.485
São Paulo, SP, Brasil
CEP 05346-902
www.globolivros.com.br



1ª edição – 9ª reimpressão, 2009

CIP – Brasil. Catalogação na Fonte
Sindicato Nacional dos Editores de Livros, RJ

G321c

Geringher, Max
Clássicos do mundo corporativo / Max Geringher. – São Paulo : Globo, 2008.

ISBN 978-85-250-4463-1

1. Profissões. 2. Mercado de trabalho – Aspectos psicológicos. 3. CBN (Rádio) . I. Título.

| 08-0385. | | CDD: 658 | CDU: 65 |
|---|---|---|---|
| 01.02.08 | 01.02.08 | | 005134 |

Este livro, composto na fonte Fairfield,
foi impresso em Chamois fine 67 g na Imprensa da Fé.
São Paulo, Brasil, outono de 2009.